公路安全生命防护工程实施技术指南

Guide for Implementation of Improve Highway
Safety to Cherish the Life Project

（试行）

主编单位：交通运输部公路科学研究院
　　　　　贵州省交通运输厅

人民交通出版社股份有限公司
China Communications Press Co.,Ltd.

内 容 提 要

本指南着重阐述了现有公路安全生命防护工程的实施总体要求、程序、路段排查方法、方案和安全设施设计及验收评估要求等方面的内容。全书共分六章，第一章阐述了现有公路安全生命防护工程实施的目的、原则、目标和本指南的适用范围；第二章阐述了总体要求和程序；第三章介绍了路段排查分类方法和实施顺序；第四章介绍了多种情况下的安全处置方案设计要点，给出了具体处置示例；第五章介绍了安全设施设计要求；第六章给出了公路安全生命防护工程验收和评估要求。书末七个附录给出了实施案例、安全设施结构等的参考。

本指南可供公路管理、交通管理人员参考使用，也可作为研究、工程设计、施工和监理技术人员的参考用书。

图书在版编目(CIP)数据

公路安全生命防护工程实施技术指南／交通运输部公路科学研究院，贵州省交通运输厅主编. — 北京：人民交通出版社股份有限公司，2015.2
ISBN 978-7-114-12057-2

Ⅰ.①公…　Ⅱ.①交…　②贵…　Ⅲ.①公路运输－交通运输安全－安全工程－指南　Ⅳ.①U492.8-62

中国版本图书馆 CIP 数据核字(2015)第 027918 号

书　　名：	公路安全生命防护工程实施技术指南
著 作 者：	交通运输部公路科学研究院 贵州省交通运输厅
责任编辑：	黎小东
出版发行：	人民交通出版社股份有限公司
地　　址：	(100011)北京市朝阳区安定门外外馆斜街3号
网　　址：	http://www.ccpress.com.cn
销售电话：	(010)59757973
总 经 销：	人民交通出版社股份有限公司发行部
经　　销：	各地新华书店
印　　刷：	北京盛通印刷股份有限公司
开　　本：	880×1230　1/16
印　　张：	12.5
字　　数：	250千
版　　次：	2015年2月　第1版
印　　次：	2019年3月　第5次印刷
书　　号：	ISBN 978-7-114-12057-2
定　　价：	49.00元

(有印刷、装订质量问题的图书由本公司负责调换)

交通运输部办公厅关于发布《公路安全生命防护工程实施技术指南(试行)》的通知

交办公路〔2015〕26号

各省、自治区、直辖市、新疆生产建设兵团交通运输厅(局、委):

为有效实施公路安全生命防护工程,提高公路安全保障水平,经交通运输部同意,现发布《公路安全生命防护工程实施技术指南(试行)》,自2015年3月1日起执行,原《公路安全保障工程实施技术指南》(厅公路字〔2006〕418号)同时废止。

请各有关单位在实践中注意积累资料,总结经验,及时将发现的问题和修改意见函告交通运输部公路局(地址:北京市建国门内大街11号,邮编:100736,电话:010-65292746)和交通运输部公路科学研究院(地址:北京市海淀区西土城路8号,邮编:100088,电话:010-62074345),以便修订时研用。

交通运输部办公厅

2015年2月13日

前　言

2014年11月，国务院办公厅发布《国务院办公厅关于实施公路安全生命防护工程的意见》（国办发〔2014〕55号，以下简称《意见》），决定在全国实施公路安全生命防护工程。《意见》要求通过全面排查治理现有公路安全隐患、严格规范公路工程安全设施建设、大力推进公路安全综合治理等三项措施，全面提升公路安全水平。其中，为了指导各地全面排查治理现有公路的安全隐患，《意见》要求抓紧制订《公路安全生命防护工程实施技术指南》。为落实国务院工作要求，交通运输部开展了相关工作，主要针对整治完善现有公路基础条件的工作需要，以2006年版《公路安全保障工程技术指南》为基础，编制了《公路安全生命防护工程实施技术指南（试行）》（以下简称《指南》）。

《指南》总结了十年来普通国省干线公路安全保障工程的经验，借鉴和吸收了国内外相关标准规范和公路安全改善技术的成果。《指南》将公路安全生命防护工程整治完善对象分为现有一、二级公路和现有三、四级公路，引入风险评估技术作为工程实施的技术基础，分别提出了现有一、二级公路和现有三、四级公路的路段排查方法，并按照路段风险水平提出了实施顺序安排建议。《指南》针对排查结果，给出了提升安全性能的方案设计要点和安全设施设计要求，并给出了包括护栏结构设计图等在内的七个附录。《指南》强调因地制宜的灵活设计和多种手段、措施相互协调与配合。《指南》给出的措施、设施和有关技术规定，各地可根据实际情况选用。鼓励各地结合当地实际，制订更高要求的技术规范。

请各地将使用过程中发现的问题或建议反馈至交通运输部公路局（地址：北京市建国门内大街11号，邮编：100736，电话：010-65292746）和交通运输部公路科学研究院（地址：北京市海淀区西土城路8号，邮编：100088，电话：010-62074345），以便进一步修改和完善。

主编单位：交通运输部公路科学研究院、贵州省交通运输厅。

主要编写人员：侯德藻、杨曼娟、张铁军、矫成武、于海霞、李萌、米晓艺、刘洪启、周志伟、姜明、贾宁、娄峰、陈永胜、唐珍珍、周荣贵、吴京梅、张高强、赵之杰、肖勇、袁泉、张杰、秦明、梁祖怀、谢尔庚、祝永胜、张舒、曾辉、熊玲、黄海娅、吴玉荣、詹大德、施春晖、吴江玲、王迪、陈震。

主要编审人员： 王太、何勇、陈永耀、刘扬、罗强、王松波、杨亮、花蕾、杨帆、侯景雷、邓毅萍、刘君、章征宇、谢建平、丁昭平、高海龙、刘会学、张玉宏、沈国华、段炳俊、郭敏、舒森、徐建东、王庆、姚卓、彭旭清、龙万学、常宇、肖鹏飞、葛书芳、韩子东、张绍理、阮有力。

目 录

1 总则 ·· 1
   1.1 目的 ·· 1
   1.2 实施原则 ·· 1
   1.3 实施目标 ·· 1
   1.4 适用范围 ·· 1

2 实施总体要求和程序 ·· 2
   2.1 总体要求 ·· 2
   2.2 实施步骤 ·· 2

3 排查分类方法和实施顺序 ·· 5
   3.1 现有一、二级公路 ·· 5
   3.2 现有三、四级公路 ·· 11

4 方案设计 ·· 14
   4.1 一般规定 ·· 14
   4.2 基本路段 ·· 18
   4.3 多种不良情况组合 ·· 37
   4.4 平面交叉路口 ·· 42
   4.5 宽容路侧处理 ·· 46
   4.6 公路与铁路立体交叉 ·· 50
   4.7 其他 ·· 51

5 安全设施设计 ·· 56
   5.1 交通标志 ·· 56
   5.2 交通标线 ·· 68
   5.3 防护设施 ·· 74
   5.4 视线诱导及警示设施 ·· 87
   5.5 减速丘及减速路面 ·· 92
   5.6 避险车道 ·· 94

5.7	边沟及路肩	98
5.8	其他	101
6 工程验收与评估		104
6.1	验收	104
6.2	工程效果评估	104
附录 A	公路风险评估方法	106
附录 B	现有一、二级公路排查实施案例	122
附录 C	公路技术指标简易测量方法	125
附录 D	护栏结构设计图	128
附录 E	警示设施结构设计图	165
附录 F	安全设施验收要求	168
附录 G	现有三、四级公路安全生命防护工程实施案例	179

1 总则

1.1 目的

为进一步提高公路交通安全保障水平，指导全国现有公路安全生命防护工程的实施，特制订本技术指南。

1.2 实施原则

公路安全生命防护工程的实施应按照"安全、有效、经济、实用"的原则，结合当地经济社会发展情况，采取综合技术措施进行整治，并注意避免盲目设防或过度设防。

公路安全生命防护工程的实施是一个长期、持续、不断改进的过程，应统筹规划、分步实施、不断完善，逐步提高公路交通安全保障水平。

在公路安全生命防护工程的实施过程中，鼓励因地制宜地采用经过充分论证的新技术、新材料、新工艺、新产品。

1.3 实施目标

坚持"以人为本、安全发展"的理念，以"完善设施、促进安全、保障畅通、提升效率"为目标，按照"安全、有效、经济、实用"的原则，增强工程的整体性和系统性，充分考虑实际情况和财力可能，区分轻重缓急，先行解决安全风险等级高的路段，最大限度降低交通事故损失，全面提升公路交通安全保障水平。

1.4 适用范围

本指南适用于现有一、二、三、四级公路安全生命防护工程的实施。现有高速公路、新建、改建、扩建工程应严格遵守有关技术规范。现有等外公路可参照本指南三、四级公路有关原则要求执行。

2 实施总体要求和程序

2.1 总体要求

对于现有一、二级公路，管理单位或责任主体应制订计划，对其进行风险评估（条件识别），依据评估（识别）结果，结合当地经济社会发展情况，分轻重缓急，制订公路安全生命防护工程实施方案。

对于现有三、四级公路，管理单位或责任主体应制订计划，对其进行指标综合判别（风险评估），确定公路安全生命防护工程实施路段，按照"轻重缓急、逐步覆盖"的次序要求，结合当地经济社会发展情况，制订总体实施方案，优先实施通客运、通校车的路段，旅游路线以及人口密集区域人车混行、交通流量大的路段。

2.2 实施步骤

公路安全生命防护工程的实施步骤如图 2.2-1 所示。

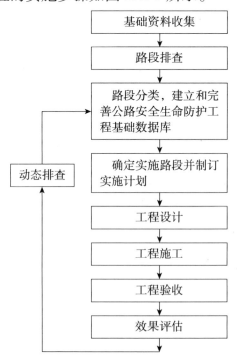

图 2.2-1 公路安全生命防护工程实施步骤

2.2.1 基础资料收集和路段排查

按照所采用排查方法的不同,分别收集或采集:公路交通事故资料,公路技术参数资料,已有安全设施和已实施安全改善工程资料,交通流量和车辆组成资料,通校车、客运班线车和旅游路线资料,交通环境资料及其他可能需要的资料。

在资料收集或采集的基础上,按照本指南第3章的要求,进行公路安全生命防护工程路段排查。

2.2.2 路段分类,建立和完善公路安全生命防护工程基础数据库

依据路段排查结果,按照本指南第3章的路段分类方法,对路段进行分类,连同基础资料一起,填入公路安全生命防护工程基础数据库,并随着工作的开展不断完善数据库。

2.2.3 确定实施路段并制订实施计划

以路段排查和分类结果为基础,按照本指南第3章建议的实施顺序,结合本辖区公路交通的基本情况、资金支持情况和经济社会发展情况,按照"轻重缓急、分步实施、逐步完善"的思路确定不同阶段的实施路段,制订本辖区总体计划。

2.2.4 工程设计

通过深入分析实施路段实际情况,制订设计方案,并进行设计方案的经济和技术分析,完成工程设计。设计完成后,还应在实施路段现场进行设计方案论证和校核,检查设计的工程措施是否针对路段实际情况,是否与现场环境协调,是否与前后路段协调,是否便于现场实施等。

2.2.5 工程施工

按照相关技术标准和管理规定组织工程的施工。建立健全符合公路安全生命防护工程特点的质量监管体系,确保工程质量。同时,严格施工现场管理,合理布设施工作业区,做好交通组织管理工作,保证交通安全及现场施工人员安全。

2.2.6 工程验收

原则上,在工程验收之前应进行交工审核,重点对工程施工质量、设计方案与交通实际情况的适应程度等进行审核,对存在的问题应在交工之前进行整改。通过交工

审核之后即可进行项目验收。严格验收标准，安全设施验收不合格的项目不得通车运营。

2.2.7 效果评估

省级公路管理部门或地市级公路管理部门应制定公路安全生命防护工程实施效果评估制度，建立公路安全生命防护工程实施技术文件档案，适时收集整理工程实施前后的防护设施破坏情况（分人为破坏、车辆破坏和地质条件破坏等），分析实施路线的交通事故数据变化情况，依据翔实数据对工程实施效果及时做出客观评价，为完善公路安全生命防护工程的实施和相关技术标准提供参考。

2.2.8 动态排查

管理单位或责任主体应根据公路基础指标的变化、交通流参数的变化、交通环境的变化或新的交通安全要求等，有计划地对辖区路网进行风险评估、条件识别或指标综合判别，动态排查出实施路段，不断提高公路交通的安全保障水平。

3 排查分类方法和实施顺序

3.1 现有一、二级公路

对于现有一、二级公路，宜采用交通事故风险评估和公路风险评估方法进行排查。进行交通事故风险评估条件不具备时，可用交通事故多发点段识别代替；进行公路风险评估条件不具备时，可用公路条件识别代替。无法取得交通事故数据或数据不能满足要求时，可仅采用公路风险评估或公路条件识别方法进行排查。按照排查结果，对路段进行分类，并拟定实施顺序。

3.1.1 排查方法和流程

1）排查方法

（1）交通事故风险评估。以每年单位公里交通事故死亡及受伤总人数为评估指标，量化分析路段交通事故风险程度，计算方法如下：

$$CR = \frac{N}{L \times T} \tag{3.1-1}$$

式中：CR——路段交通事故风险；

N——路段在统计年限内发生的交通事故死亡及受伤总人数，不包括酒驾、毒驾等事故数据；

L——路段的长度(km)，一般按照公路和交通条件类似原则划分路段，若条件类似路段过长，划分时一般不超过1km，简化的做法是可从公路的起点开始，按1km单元依次划分路段；一级公路按两个行车方向分别划分路段，二、三、四级公路按整幅划分路段；

T——事故统计的年限，一般取最近3年，若最近3年内公路条件发生了较大变化，则从变化之时起至评估开展时止作为统计年限。

交通事故风险分为五级，分别用罗马数字Ⅰ、Ⅱ、Ⅲ、Ⅳ、Ⅴ表示。Ⅰ级为低风险，Ⅴ级为高风险，分级标准如表3.1-1所示。

表3.1-1中，CR_{30}、CR_{50}、CR_{70}、CR_{90}分别代表某条公路或某区域路网交通事故风

险指标的 30%、50%、70% 和 90% 累计百分位值。CR_{30}、CR_{50}、CR_{70}、CR_{90} 的推荐值如表 3.1-2 所示。实际应用中，宜以省（自治区、直辖市）或地市为单位，在推荐值的范围内统一确定一组值，作为本省（自治区、直辖市）或地市的排查标准数据。

表 3.1-1　交通事故风险分级标准

风 险 等 级	风 险 状 况	交通事故风险指标范围
Ⅴ级	高	$CR > CR_{90}$
Ⅳ级	较高	$CR_{70} < CR \leqslant CR_{90}$
Ⅲ级	中	$CR_{50} < CR \leqslant CR_{70}$
Ⅱ级	较低	$CR_{30} < CR \leqslant CR_{50}$
Ⅰ级	低	$CR \leqslant CR_{30}$

表 3.1-2　交通事故风险分级指标推荐值

交通事故风险分级指标	CR_{30}	CR_{50}	CR_{70}	CR_{90}
推荐值	0.05	0.20～0.27	0.33～0.44	1.33～1.77

（2）公路风险评估。按照公路基础和交通条件对交通事故发生概率和可能严重程度的影响模型，量化分析公路交通运行风险。一般按 100m 间距，对公路进行测量（一级公路按两个行车方向分别划分测量路段，二、三、四级公路按整幅划分测量路段），获得公路条件指标，结合交通条件指标，按照影响模型计算风险分值，用该值代表这 100m 范围内的公路风险程度。公路风险影响模型的构成及计算方法见图 3.1-1；具体评估步骤、各指标的属性取值、风险系数取值及计算示例见本指南附录 A。

公路风险分为五级，分别用罗马数字Ⅰ、Ⅱ、Ⅲ、Ⅳ、Ⅴ表示。Ⅰ级为低风险，Ⅴ级为高风险，分级标准如表 3.1-3 所示。

表 3.1-3　公路风险分级标准

风 险 等 级	风 险 状 况	公路风险指标范围
Ⅴ级	高	$HR \geqslant 23$
Ⅳ级	较高	$13 \leqslant HR < 23$
Ⅲ级	中	$5 \leqslant HR < 13$
Ⅱ级	较低	$3 \leqslant HR < 5$
Ⅰ级	低	$HR < 3$

（3）交通事故多发点段识别。按照交通管理部门或公路管理部门的交通事故记录，在剔除酒驾、毒驾等事故数据后，符合下列条件的识别为交通事故多发点段：2km 范围内 3 年发生过 1 起及以上死亡 3 人及以上的事故或 500m 范围内 3 年发生过 3 起及以上死亡事故的路段。

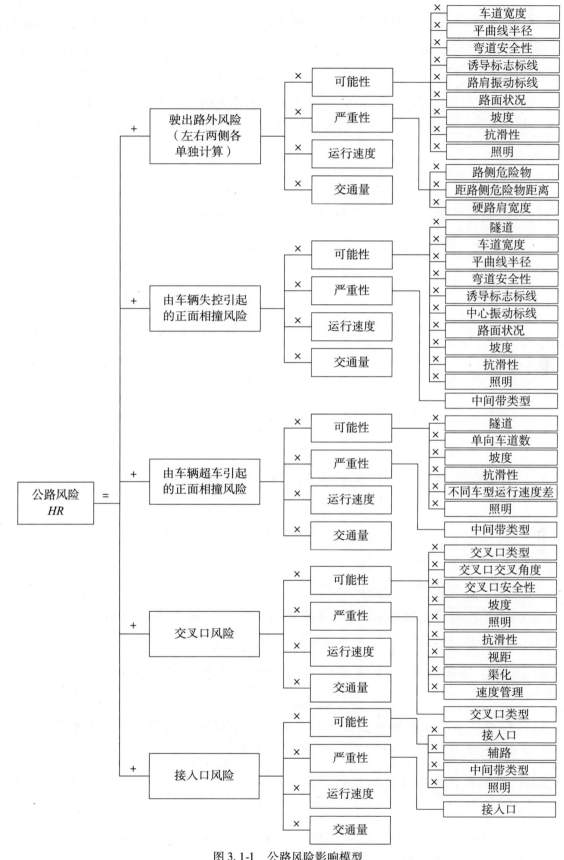

图 3.1-1 公路风险影响模型

("+"表示相加;"×"表示相乘)

(4)公路条件识别。采用标准规范中最大(或最小)值的平纵线形组合不当或不协调的路段;路肩挡墙、陡于1:3的填方边坡、路侧陡崖或深沟高度大于一定值(一般为4~6m)或路侧一定距离(一般为3~8m)内有常水深0.5m以上的水体(含江河、湖泊、水库、沟渠等)、干线公路或铁路等的路侧险要路段;行人、自行车、摩托车、农用车或周边环境等对行车造成安全隐患的交通环境复杂路段,均识别为高公路风险路段。

2)排查流程

(1)对于现有一、二级公路,宜依据交通事故风险评估和公路风险评估的结果对路段进行分类,确定实施顺序并制订实施计划,排查流程如图3.1-2所示。

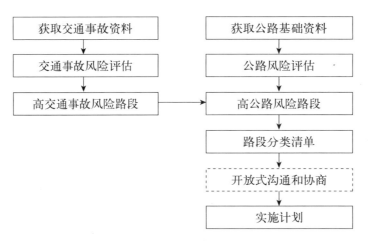

图3.1-2 以风险评估为基础的现有一、二级公路排查流程
(虚线框为可选流程)

采用本指南给出的交通事故风险评估方法和公路风险评估方法,分别对公路进行评估,按本指南3.1节给出的风险分级标准,确定高交通事故风险路段和高公路风险路段,将两者联合分析,确定路段分类清单;之后可以选择性地进行开放式沟通和协商,听取公路使用者、沿线居民、不同管理部门等对公路交通安全的看法、对处置措施的建议等,最终制订公路安全生命防护工程实施计划。

(2)进行公路风险评估条件不具备时,可用公路条件识别代替,排查流程如图3.1-3所示。

(3)进行交通事故风险评估条件不具备时,可用交通事故多发点段识别代替,排查流程如图3.1-4所示。

如无法取得交通事故数据或数据不能满足要求,可仅依据公路风险评估结果确定路段分类清单。

(4)进行公路风险评估和交通事故风险评估条件均不具备时,可依据事故多发点段识别结果和公路条件识别结果,按照图3.1-5所示的排查流程开展有关工作。

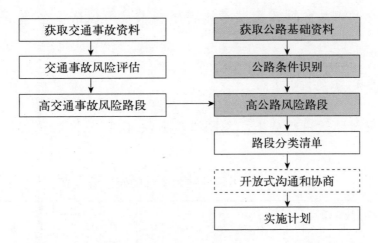

图 3.1-3　进行公路风险评估条件不具备时现有一、二级公路排查流程

（虚线框为可选流程）

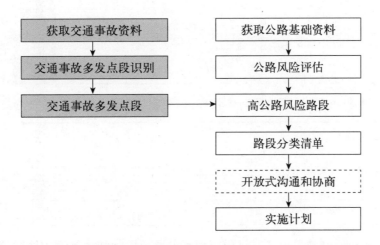

图 3.1-4　进行交通事故风险评估条件不具备时现有一、二级公路排查流程

（虚线框为可选流程）

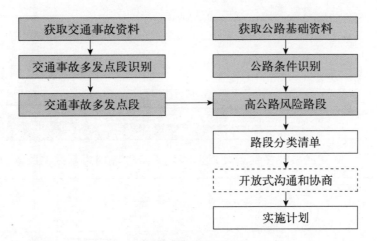

图 3.1-5　进行公路风险评估和交通事故风险评估条件均不具备时现有一、二级公路排查流程

（虚线框为可选流程）

如无法取得交通事故数据或数据不能满足要求，可仅依据公路条件识别结果确定路段分类清单。

3.1.2 路段分类和实施顺序

按照排查结果对路段进行分类，不同排查方法和流程对应的分类方法如表 3.1-4 ~ 表 3.1-7 所示。

表 3.1-4　以风险评估为基础的路段分类表

公路风险 \ 交通事故风险	Ⅰ	Ⅱ	Ⅲ	Ⅳ	Ⅴ
Ⅰ	D	D	D	C	C
Ⅱ	D	D	D	C	C
Ⅲ	D	D	D	C	C
Ⅳ	B	B	B	A	A
Ⅴ	B	B	B	A	A

表 3.1-5　以交通事故风险评估和公路条件识别为基础的路段分类表

公路条件 \ 交通事故风险	Ⅰ	Ⅱ	Ⅲ	Ⅳ	Ⅴ
一般条件路段	D	D	D	C	C
高公路风险路段	B	B	B	A	A

表 3.1-6　以交通事故多发点段识别和公路风险评估为基础的路段分类表

公路风险 \ 交通事故多发点段	否	是
Ⅰ	D	C
Ⅱ	D	C
Ⅲ	D	C
Ⅳ	B	A
Ⅴ	B	A

表 3.1-7　以交通事故多发点段识别和公路条件识别为基础的路段分类表

公路条件 \ 交通事故多发点段	否	是
一般条件路段	D	C
高公路风险路段	B	A

A类路段应优先实施公路安全生命防护工程,其次是B类和C类路段,优先次序依次降低。

现有一、二级公路排查实施案例见本指南附录B。

3.2 现有三、四级公路

对于现有三、四级公路,采用指标综合判别法进行排查;按照排查结果,对路段进行分类,并拟定实施顺序。有条件的也可以采用3.1节的方法进行交通事故风险评估和公路风险评估,按评估结果确定实施路段。

3.2.1 指标综合判别法

按照公路实际条件,判别下列指标的符合情况。

1)事故指标

指剔除酒驾、毒驾等事故数据后,2km范围内3年发生过1起及以上死亡3人及以上的事故或500m范围内3年发生过3起及以上死亡事故。

2)公路技术指标

(1)单个急弯。指单个弯道的圆曲线半径R小于或等于表3.2-1所列圆曲线最小半径值,回头曲线的圆曲线半径R小于或等于表3.2-2所列圆曲线最小半径值,且视距小于表3.2-1所列最小停车视距值。

表3.2-1 圆曲线最小半径和圆曲线间最小距离

设计速度(km/h)	40	30	20
圆曲线最小半径(m)	60	30	15
最小停车视距(m)	40	30	20
圆曲线间最小距离(m)	80	60	40

表3.2-2 回头曲线中圆曲线最小半径和回头曲线间最小距离

主线设计速度(km/h)	40		30	20
回头曲线设计速度(km/h)	35	30	25	20
圆曲线最小半径(m)	40	30	20	15
回头曲线间最小距离(m)	200		150	100

(2)连续急弯。指连续有三个或三个以上小于或等于表3.2-1所列最小半径值的圆曲线,且各圆曲线间的距离小于表3.2-1所列圆曲线间最小距离;或连续有两个及

两个以上圆曲线半径小于或等于表 3.2-2 所列圆曲线最小半径值的回头曲线,且由一个回头曲线的终点至下一个回头曲线起点的距离小于表 3.2-2 所列回头曲线间最小距离值。

(3)连续下坡。指多个下坡连续里程大于 3km,在相对高差为 200～500m 时平均纵坡大于 5.5%,相对高差大于 500m 时平均纵坡大于 5%。

(4)陡坡。指最大纵坡大于表 3.2-3 所列最大纵坡值。

表 3.2-3 最大纵坡

设计速度(km/h)	40	30	20
最大纵坡(%)	7	8	9

(5)视距不良。指视距小于表 3.2-4 所列最小会车视距值。

表 3.2-4 最小会车视距

设计速度(km/h)	40	30	20
最小会车视距(m)	80	60	40

公路技术指标数据应来源于对公路实际状况的测量,这几个指标的简易测量方法见本指南附录 C。

3)公路路侧指标

指路肩挡墙、陡于 1:3 的填方边坡、路侧陡崖或深沟高度大于一定值(一般为 6～8m),或路侧一定距离(一般为 2～5m)内有常水深 0.5m 以上的水体(含江河、湖泊、水库、沟渠)、干线公路或铁路等。

4)公路环境指标

指行人、自行车、摩托车、农用车或周边环境等对行车造成安全隐患,如:穿村镇、平面交叉、街道化,公路条件变化等。

5)交通量指标

指含农用车但不含摩托车在内的年平均日交通量大于或等于 300 自然辆。

6)通行校车或班线车指标

指日常通行核载 10 人及以上校车、公交车或班线车。

3.2.2 路段分类和实施顺序

根据指标符合情况,对现有三、四级公路路段进行分类,如表 3.2-5 所示。

A 类路段应优先实施公路安全生命防护工程,A.1 类优先级别最高,A.2 和 A.3 类依次降低,其次是 B 类(B.1 到 B.4 优先次序依次降低)路段,再次是 C 类路段。

表 3.2-5　现有三、四级公路安全生命防护工程完善路段判别分类表

类型		符合事故指标	符合公路技术指标	符合公路路侧指标	符合公路环境指标	符合交通量指标	符合通行校车或班线车指标	备注
A	A.1	—	是	—	—	—	是	通校车或班线车的下限指标路段
	A.2	—	否	是	—	—	是	通校车或班线车的路侧险要路段
	A.3	是	是	—	—	—	—	事故多发的路线指标下限路段
B	B.1	否	是	是	—	是	—	路线指标下限、路侧险要且交通量较大路段
	B.2	否	是	—	是	是	—	路线指标下限、环境复杂且交通量较大路段
	B.3	否	是	是	—	—	—	路线指标下限的路侧险要路段
	B.4	否	是	—	—	—	—	路线指标下限路段
C		是	否	—	—	—	—	公路条件较好但事故多发的路段

注：表中的"—"表示可不考虑该指标符合情况。当无法取得交通事故数据或数据不能满足要求时，可将表中 A、B 类路段"符合事故指标"列统一标为"—"。

4 方案设计

4.1 一般规定

4.1.1 方案选择

公路安全生命防护工程宜采取"主动"的预防措施和容错措施，必要时辅以"被动"的防护措施。在深入论证分析的基础上，有条件时，可采用改进线形等土建工程措施，从根本上降低公路交通风险。可采用警示、诱导、提高通视距离等措施，降低交通事故概率，有效改善公路行车环境。可通过设置合理的路侧净区为驾驶人提供容错空间，减轻事故损失。以护栏为代表的防护设施是"被动性"措施，是挽救驾乘人员生命的最后一道防线，必要时应进行适当的防护。不当的防护设施自身也可能成为一种障碍物，因此，防护设施的设置应充分论证，避免盲目设防和过度设防。

具体路段选择实施方案时，宜以排查结果为基础，针对主要风险因素，合理选用技术标准，采取针对性的处置措施。

公路安全生命防护工程还应尽量减少对生态环境的影响。

4.1.2 完善交通标志和标线系统

标志和标线系统方案应规范、完善。应以不熟悉路网体系的公路使用者为设计服务对象，综合考虑公路条件和路网结构、交通条件、气象和环境条件等因素，设置规范、明确、完善的交通标志和标线系统。

标志和标线系统方案应科学、有效。设置时应考虑公路和交通环境，根据各种交通标志和标线的功能、驾驶人的行为特征和交通管理的需要进行系统、综合的布设。交通标志信息应及时、清晰、明确、简洁，避免版面信息过载以及警告、禁令和提示性标志的过度、频繁使用；交通标线应线形流畅、衔接合理，充分发挥其引导交通流的功能。

标志和标线系统方案应明确、统一。应以有关公路网命名和编号要求为依据，构建明确、统一的公路命名和编号系统。

标志和标线系统方案应系统、连续。公路指路标志系统的设置应进行科学的路网指引信息分层与选取，构建完整的指引系统，保证信息的前后连续与响应。应重视预告和确认标志的设置。

标志和标线系统方案应因地制宜，综合处置：

（1）交通标志与交通标线配合使用时，两者应协调一致，所传递的交通信息不能相互矛盾。

（2）三、四级公路的交通标志材料、结构形式可因地制宜，合理采用铝合金、钢材、合成树脂、石材、木材等多种材料；可将标志内容施画于山体、石块等结构物上，在保证效果的前提下降低造价。

（3）三、四级公路急弯、陡坡、视距不良及穿村镇等路段，可在路面施画限速值数字、"鸣笛"文字、喇叭标记或其他行车安全提醒文字，提醒驾驶人注意，必要时可在车行道边缘线或车行道分界线处设置突起路标。施画路面文字或图案标记时，应注意表面抗滑。

（4）三、四级公路应重视公路中心线的应用。路面宽度大于或等于6m、双向行驶的公路宜设置公路中心线。在不满足会车视距的路段，如急弯、陡坡等视距不良路段，应施画中心实线，禁止车辆不安全超车行为。在易发会车事故的路段，还可同步设置突起路标和中央隔离设施等。

（5）三、四级公路应重视车行道边缘线的应用。公路的窄桥及其上下游路段、采用设计极限指标的曲线段及其上下游路段、交通流发生合流或分流的路段、路面宽度发生变化的路段、路侧障碍物距车行道较近的路段、经常出现大雾等影响安全行车天气的路段及非机动车或行人较多的机非混行路段，宜在车行道边缘施画白色实线车行道边缘线。

（6）应重视平面交叉的标志、标线设置。根据平面交叉的形式和交通流的特点予以合理渠化，明确路权，尽可能减少和消除交通冲突点，引导车辆有序通过平面交叉。

4.1.3 系统化的路侧安全处置

路侧安全处置是公路安全生命防护工程实施的重点，宜分三个层次进行：第一层次，尽可能地使车辆不偏离正常行驶车道，降低车辆冲出路外的可能性，所采取的技术对策属于主动预防性质；第二层次，通过提供路侧净区等技术手段，提高路侧宽容性，降低车辆冲出路外时发生事故的可能性；第三层次，无法提供路侧净区时，设置必要的防护设施，尽可能地降低事故的严重程度。系统化的路侧安全处置方案如表

4.1-1 所示。需要指出的是，表中所列为部分对策，实施时不能绝对化，需针对具体情况选择采用，以较高的效率实现最佳的安全效果。

表 4.1-1 系统化路侧安全处置方案

层 次	方 案
第一层次：使车辆不偏离正常行驶车道	设置或完善交通标志系统，加强对路侧危险路段的提示与警告
	设置或完善路面标线系统，如减速标线、振动标线等，提示前方路侧危险，提醒越界车辆
	合理设置和完善轮廓标，指示公路轮廓与边界
	合理设置和完善线形诱导标，指示公路线形
	有条件时，提供或改进照明设施
	对路侧植物进行修剪，保障视距
	必要时进行路面抗滑处理，如路面打磨粗糙，设薄层铺装路面等
	有条件时进行路肩硬化或加宽
	必要时设置物理性减速设施，如减速丘、减速路面等
	有条件时改善公路线形，如截弯取直、增大曲线半径、设置合理超高、改进缓和曲线、消除不良线形组合等
层次二：提高路侧宽容性	有条件时，提供路侧净区，清除路侧净区内的障碍物
	有条件时，消除路面与路肩间的边坎
	避免路缘石的不合理使用
	有条件时，设置宽浅排水边沟或边沟上加盖板，满足排水要求，提高行车安全
	有条件时，改进横向排水设施，如涵洞的设计，设置与路面或坡面齐平的箅子等
	尽量减少路侧杆柱，将杆柱设置在距离车道更远的地方或被撞击可能性低的位置，如曲线内侧等
	对路侧设施或障碍物进行标识，如设置警告标志、粘贴反光膜或喷涂反光漆等，提高其视认性
层次三：降低事故后果严重程度	设置满足防护等级要求的护栏
	对不满足要求的警示墩、挡墙等进行改造
	进行安全的护栏端头设计
	不同防护等级或不同刚度的护栏之间良好过渡
	及时修复被撞击后的护栏
	有条件时，在出口三角区、中央分隔带护栏端部等处设置缓冲吸能设施
	有条件时，采用可解体消能的杆柱设施
	有条件时，在必要位置设置避险车道

4.1.4 保障视距

视距对公路交通安全有重要影响。方案设计时，对于弯道、凸形竖曲线等路段应进行视距检验。弯道内侧植物或边坡杂物等阻碍行车视线时，通过修剪树木、清除杂物等措施改善视距。弯道内侧山体、土丘等阻碍行车视线时，应适当削挖山体或土丘，改善视距，但应注意削挖措施对山体稳定的影响，避免带来其他不良后果。

平面交叉由于不同方向车流存在直接冲突点，运行安全问题比较突出，最基本的安全保障措施是保障行车视距。如图 4.1-1 所示，平面交叉口宜留出通视三角区空间，该区域可种草或栽植低矮灌木，但不得设置广告牌等通视障碍物。

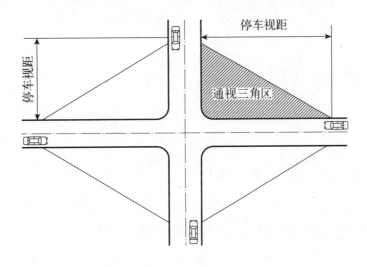

图 4.1-1　平面交叉口通视三角区示意

受实际条件限制，无法完全满足视距要求时，应进行必要的交通工程处置，如设置凸面镜、禁止超车、让行控制等。

4.1.5 速度控制

公路上车辆的速度超过公路基础设施能够提供的安全运行速度，是导致交通事故的重要原因，同时，较高的车速也会使事故后果更为严重。方案设计时应注重速度控制策略的分析，车速较快带来较大风险的路段，需进行必要的速度控制。可采用设置限速标志、减速标线、减速丘和减速路面等措施，使驾驶人控制车速。减速设施形式的选择应考虑减速效果、行车舒适性、路面排水和日常养护等因素。设置减速丘时，应充分论证，避免设置不当，成为新的安全隐患，同时，应注意设置相应的标志、标线进行预告、警告。

4.1.6　沿线服务设施

综合考虑交通量、车辆组成、公路线形和沿线城镇分布情况，在车辆易出故障或距离城镇比较远的路段，可间隔一定距离设置停车区。在景色优美、路侧有条件的地方结合停车区的布设可设置观景台。设置停车区和观景台时，应充分利用施工弃土，充分考虑停车安全。

4.1.7　其他

在易发生车辆侧滑的路段，检查路面抗滑性能，结合路面维修养护计划确定路面防滑处理措施。防眩、隔离等其他设施的选用应坚持因地制宜、经济实用和符合标准规范等基本原则。

4.2　基本路段

4.2.1　单个急弯

单个急弯路段的主要风险因素是视距不良或车速过快，易发生两车相撞、单车碰撞山体或车辆驶出路外事故。方案设计时，可采用以下措施之一或综合采用以下措施：

（1）设置向左（右）急弯或（和）事故多发路段等警告标志。

（2）设置限速标志，并根据需要设置解除限速标志。如果超速现象严重，且是造成事故频发的主要原因时，可在进入弯道前一定距离设置20~30m的减速路面或设置其他物理性减速设施，应注意设置相应的标志标线进行预告、警告。

（3）设置减速标线。

（4）设置禁止超车标志，并根据需要设置解除禁止超车标志。

（5）路侧设置线形诱导标和（或）轮廓标。

（6）设置中心实线或物理分隔设施，减少因视距不良路段车辆越过中心线发生的对撞事故。

（7）有条件时，弯道处路面加宽。

（8）根据路侧危险程度和历史事故资料在弯道外侧设置护栏。

（9）根据事故资料和弯道处实际车速，确定是否需要增加超高。

（10）检查视距，有条件时清除通视障碍物，有山体遮挡的可设置凸面镜。

示例4.2-1：急弯路段弯道内侧为土丘、灌木和茂盛乔木，视距不良；边沟为较深的矩形边沟；弯道外侧为深沟；路肩上有巨石、电线杆和大树等。对撞及冲出弯道外侧事故频发。

主要处置措施：修整弯道内侧土丘为较缓边坡，削剪灌木和乔木，改善视距；有条件时可适当加宽弯道内侧路面、内移车行道边缘线，增大行车轨迹半径，改善行车舒适度；有条件时，将矩形边沟改为宽浅边沟；弯道外侧设置波形梁护栏和线形诱导标；中心线施画为黄色实线，并采用振动标线；弯道起点设置横向减速标线和急弯警告标志；弯道前后设置限速标志及相应的解除限速标志等。示例如图 4.2-1 所示。

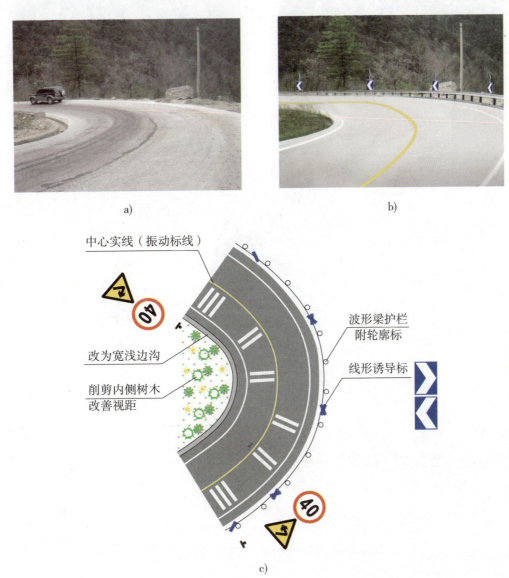

图 4.2-1　单个急弯路段处置示例一（图中限速值仅为示意）
a)处置前；b)处置后；c)处置方案示意

示例 4.2-2：急弯下坡路段，内侧山体阻挡视线，外侧深谷，多次发生车辆驶出路外，坠入深谷事故。

主要处置措施：尽可能削挖左侧山体，改善视距；无法移除影响视距的障碍物时，可设置凸面镜;弯道部分施画中心实线,并采用振动标线,前后设置急弯警告标志、限速标志及相应的解除限速标志;将弯道外侧原示警墩加固改造为具有一定防撞能力的混凝土护栏,护栏端头外展处理;设置线形诱导标等。示例如图4.2-2所示。

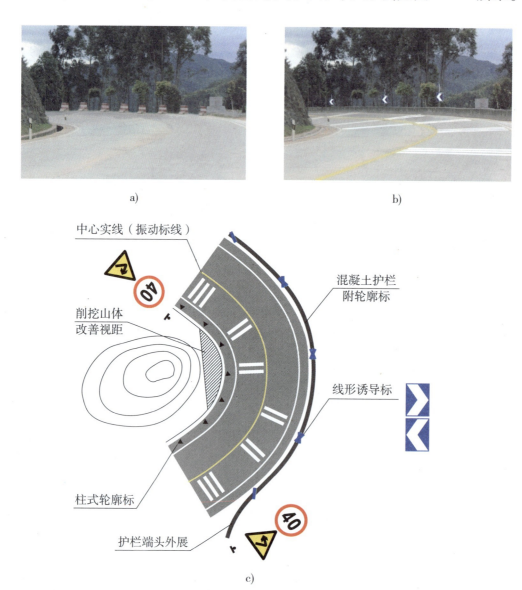

图 4.2-2 单个急弯路段处置示例二(图中限速值仅为示意)
a)处置前;b)处置后;c)处置方案示意

示例4.2-3:丘陵区较平缓农田填方路段,单个急弯,路侧边坡较缓,填方高度小于4m,左侧树木阻挡视线。

主要处置措施:设置急弯警告标志,提示慢速通过;改善路面抗滑性能;修剪内侧树枝,改善视距;施画路面标线,急弯路段为中心实线,其余为中心虚线。示例如图4.2-3所示。

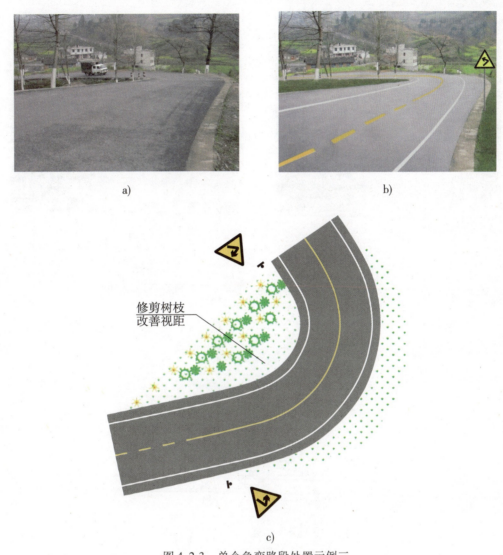

图 4.2-3 单个急弯路段处置示例三
a)处置前；b)处置后；c)处置方案示意

4.2.2 连续急弯

连续急弯的主要风险因素与单个急弯路段类似，但交通事故的发生率更高。因此，除可选择单个急弯采用的处置措施外，还可采用以下措施：设置"连续弯道"警告标志，可加设辅助标志说明前方连续弯道的长度，或使用告示牌，说明前方××m连续弯道，必要时可设置主动发光警告标志。

示例4.2-4：连续弯道末端，视距不良，经常发生对撞事故。

主要处置措施：将路侧沟坎修整为宽浅边沟，尽量提供路侧容错空间；连续设置中心实线；设置连续急弯警告标志、禁止超车标志及相应的解除禁止超车标志；在山石上设置线形诱导标；设置减速振动标线，视具体情况也可以设置其他物理性减速设施，如减速丘、减速路面等。示例如图4.2-4所示。

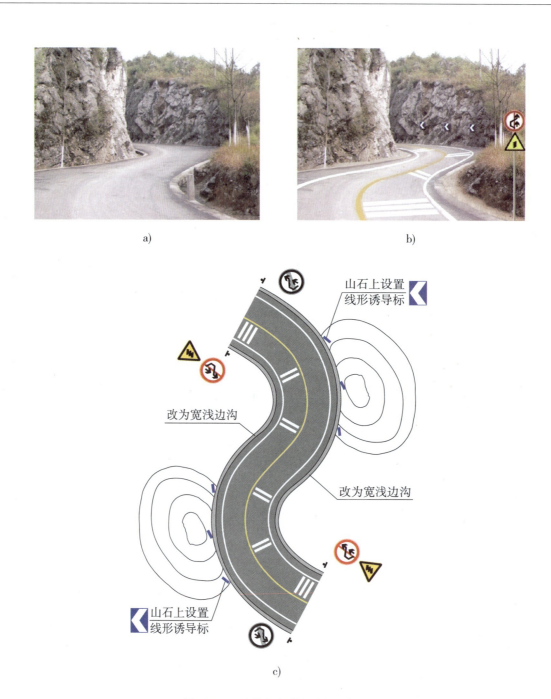

图 4.2-4 连续急弯路段处置示例一
a）处置前；b）处置后；c）处置方案示意

示例 4.2-5：连续回头弯路段，易发生车辆驶出路外事故。

主要处置措施：尽可能利用地形拓宽路基，修整路侧较深沟坎，尽量提供路侧容错空间；在连续弯道起点合适位置设置警告标志（或告示牌）与限速标志；公路中心线在直线部分画虚线，视距不良的弯道部分画实线；在平曲线外侧将原示警墩改成连续混凝土护栏等。示例如图 4.2-5 所示。

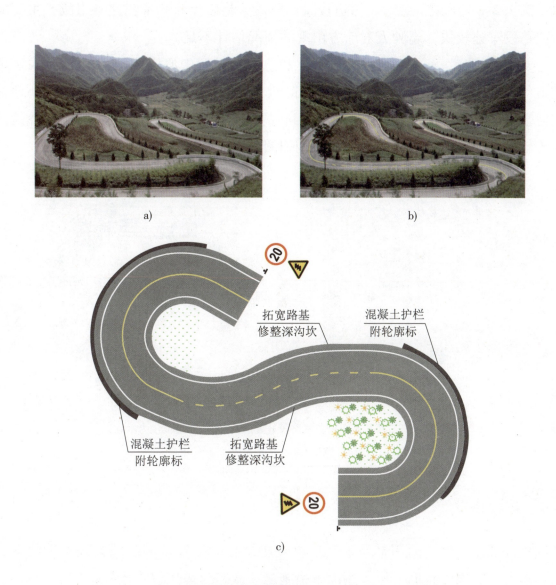

图 4.2-5 连续急弯路段处置示例二(图中限速值仅为示意)
a)处置前;b)处置后;c)处置方案示意

4.2.3 桥头接小半径曲线路段

桥头接小半径曲线路段存在的风险因素与单个急弯路段类似,但事故形态以碰撞桥头和冲到桥下为主,事故后果更为严重。方案设计时,除采用急弯路段处置措施外,还可考虑速度控制和被动防护措施。可采用以下措施之一或综合采用以下措施:

(1)桥头设置警示标志,曲线外侧设置视线诱导设施。
(2)根据路侧危险程度设置护栏,并注意路基护栏与桥梁护栏之间的过渡。
(3)在车速较快的桥头路段,可提前设置减速标线或物理性减速设施。

示例 4.2-6：下坡、急弯，弯道接直桥路段，易发生车辆冲出路外事故，主要原因是下坡路段车速较快，驾驶人对前方出现的情况估计不足。

主要处置措施：下坡路段前警告下坡和急弯；设置中心实线（振动标线）或物理分隔设施（分道体）；进入弯道前设置限速标志、薄层铺装或减速标线等设施；处理好桥梁护栏端头的安全防护，端头上贴黄黑相间的反光膜，引起驾驶人的注意；桥梁护栏上附着轮廓标，增加夜间视认效果。示例如图 4.2-6 所示。

图 4.2-6　直桥接小半径曲线路段处置示例（图中限速值仅为示意）

a）处置后；b）处置方案示意

4.2.4　陡坡路段

陡坡路段的主要风险因素是车速过快或连续制动导致车辆制动失效，易发生追尾或对撞事故。方案设计时，可采用以下措施之一或综合采用以下措施：

（1）设置陡坡警告标志或其他文字型警告标志。

（2）设置限速标志、减速设施和视线诱导设施。

（3）根据路侧危险程度和历史事故资料设置护栏。

（4）如果设置了避险车道，应按照有关标准，在坡道起点处设置避险车道预告和指示标志。

上坡路段存在的主要风险因素是占道行驶或违章强行超车，与下坡车辆发生对撞。方案设计时，宜以标志和标线为主要措施，实施禁止超车控制。

示例 4.2-7：陡坡路段，坡顶处视距不良，占道超车时，易与对向车辆相撞。

主要处置措施：将上坡段标线画成中心实线；上坡前设置上陡坡警告及禁止超车标志，过陡坡路段后设置解除禁止超车标志等。示例如图 4.2-7 所示。

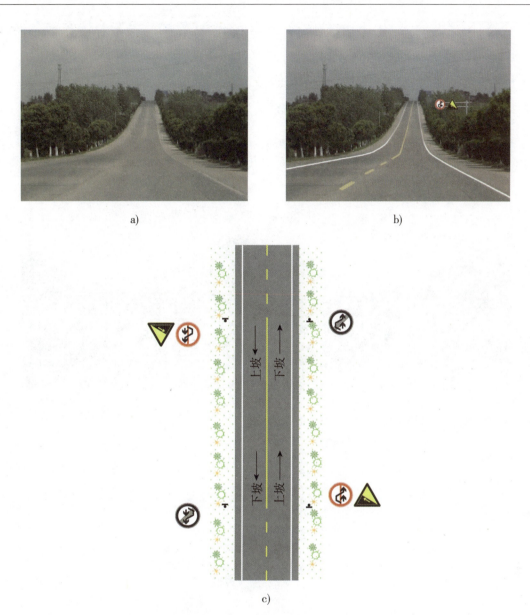

图 4.2-7 陡坡路段处置示例
a)处置前；b)处置后；c)处置方案示意

4.2.5 连续下坡路段

连续下坡路段的风险因素与陡坡路段类似，但由于下坡的长度较长，交通事故发生率较高且事故较严重。方案设计时，可采用以下措施之一或综合采用以下措施：

（1）设置连续下坡警告标志，根据情况可以采用辅助标志标明连续下坡长度，或使用告示牌，说明"前方连续下坡××m，超速危险"。

（2）设置限速标志、禁止超车标志标线以及减速设施。

（3）在因制动失效而事故频发的路段，可根据地形条件设置避险车道。

(4)可利用缓坡地势或山凹增设供检修车辆临时停靠的简易紧急停车带,连续上坡路段也可设置。

(5)根据路侧危险程度和历史事故资料设置护栏。

示例 4.2-8:连续下坡,路侧边坡较缓,部分路段视距受限。

主要处置措施:设置"下陡坡"警告标志;弯道部分施画中心实线;考虑到路侧危险程度不大,保留示警桩;急弯处适当修剪路侧植被,改善视距等。示例如图 4.2-8 所示。

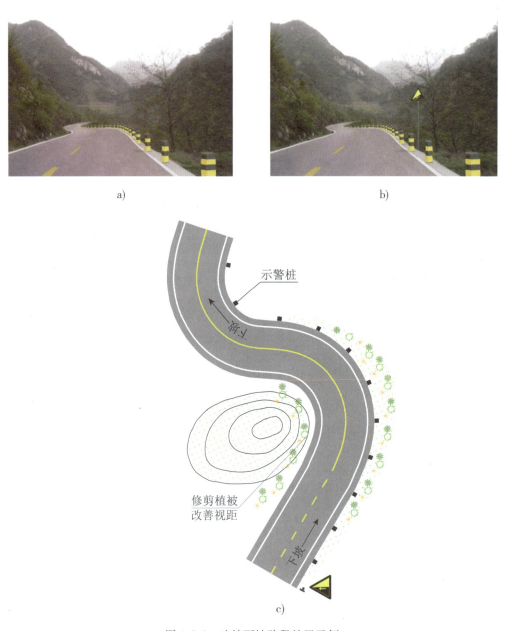

图 4.2-8 连续下坡路段处置示例
a)处置前;b)处置后;c)处置方案示意

4.2.6 急弯陡坡路段

急弯陡坡路段除具有单个急弯和陡坡的风险因素外，还存在车速过快、视距不良等因素，易发生车辆侧翻、对撞或冲出路外事故。方案设计时，除可选择单个急弯和陡坡采取的处置措施外，还可采用以下措施之一或综合采用以下措施：

（1）在急弯前的直线路段设置限速标志，宜结合设置其他减速设施，逐步控制车速，使车辆能以较安全的车速通过小半径曲线。

（2）如果路侧较危险且事故较多，可考虑设置护栏。

示例4.2-9：弯道外侧为山谷，弯道内侧山体遮挡导致视距不良，易发生车辆冲出路外和对撞事故。

主要处置措施：弯道内侧适当削挖山体，改善视距；弯道路段中心线施画为黄实线；设置警告、限速标志；设置线形诱导标；进入弯道前的路面上采用薄层铺装等措施，提高路面抗滑性的同时，提醒驾驶人谨慎驾驶；弯道外侧设置护栏，护栏端头斜外展，隐入山体，或采用吸能式护栏端头等。示例如图4.2-9所示。

图4.2-9　急弯陡坡路段处置示例（图中限速值仅为示意）
a）处置后；b）处置方案示意

4.2.7 视距不良路段

视距不良路段主要风险因素是车辆占用对向车道行驶时不易被对向车辆发觉，易发对撞事故。方案设计时，可采用以下措施之一或综合采用以下措施：

(1)修剪、处置弯道内侧树木,使弯道内侧通视。

(2)设置鸣喇叭标志、限速标志以及禁止超车标志。

(3)设置线形诱导设施以及减速设施。

(4)根据路侧危险程度和历史事故资料设置护栏。

(5)设置交通凸面镜。

示例 4.2-10：竖曲线视距不良,易发生对撞事故。

主要处置措施：施画中心实线,可设置禁止超车标志及相应的解除禁止超车标志；移走影响行车安全的障碍物等。示例如图 4.2-10 所示。

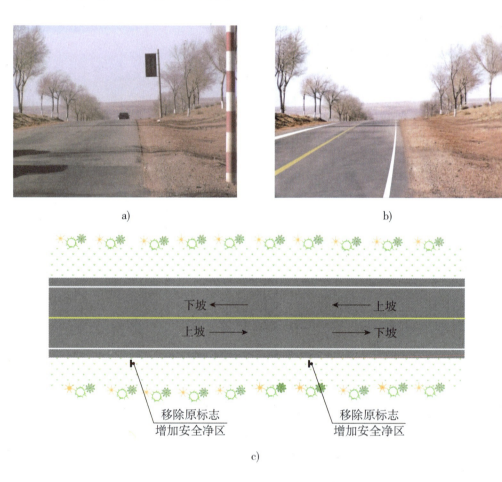

图 4.2-10 视距不良路段处置示例一

a)处置前；b)处置后；c)处置方案示意

示例 4.2-11：回头曲线路段,灌木遮挡,视距不良,易发生对撞事故；路侧为矩形边沟,弯道外侧距离山体有一定距离且地势较平缓。

主要处置措施：修整边沟,避免车辆驶出路外后侧翻；放缓、修整内边坡,移除示警桩；公路中心线施画为黄色实线,禁止超车；修剪曲线内侧树木,改善视距等。示例如图 4.2-11 所示。

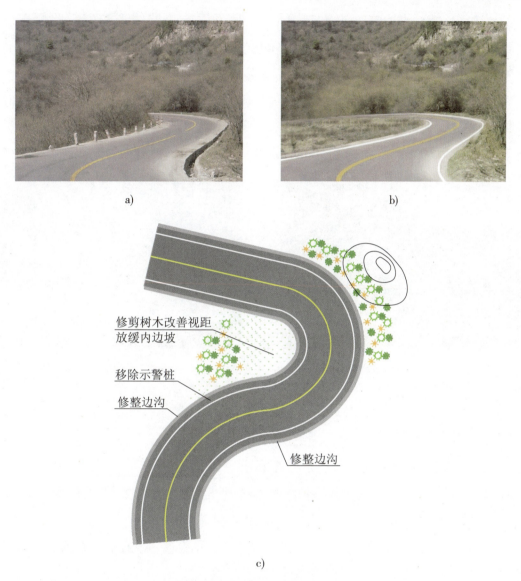

图 4.2-11 视距不良路段处置示例二
a)处置前；b)处置后；c)处置方案示意

4.2.8 路侧险要路段

路侧险要路段主要风险因素是车辆驶出路外，翻坠造成伤亡和损失。方案设计时，宜首先合理设置标志、标线等设施，加强诱导，控制车速，使车辆保持在车道内行驶；其次加强防护，减轻事故严重程度。可根据实际情况采用以下措施之一或综合采用以下措施：

（1）根据路侧危险程度和历史事故资料设置护栏。

（2）设置视线诱导设施。

（3）设置减速措施。

示例 4.2-12：路侧险要，一侧是山体，一侧邻溪，公路线形较好，路侧环境优美。

主要处置措施：设置缆索护栏，与路侧优美环境相协调。示例如图 4.2-12 所示。

示例 4.2-13：弯道外侧为深谷，易发生驶出路外事故，事故严重度高。

主要处置措施：将路侧示警墩加固为混凝土护栏或新设置混凝土护栏，同时设置视线诱导标。示例如图 4.2-13 所示。

图 4.2-12 路侧险要路段处置示例一　　　　　　图 4.2-13 路侧险要路段处置示例二

4.2.9 隧道路段

隧道出入口光线强度变化，驾驶人需要适应时间，易发生车辆碰撞洞口、洞身以及车辆对撞、追尾等事故。方案设计的基本原则是提供良好的视线诱导、限制车速、禁止超车。可采用以下措施之一或综合采用以下措施：

（1）在隧道入口前，根据隧道长度和线形、交通情况、隧道前后路段线形情况，选择设置以下标志：隧道标志、限高标志、限速标志、禁止超车标志、隧道开灯标志等。根据是否有照明的条件，隧道标志和隧道开车灯标志只需设置一个。如需要，可根据具体情况设置其他必要的标志。例如，隧道内连续下坡，可在隧道入口前一定距离设置连续下坡的警告标志或人性化图形标志。双向行车的公路隧道内应施画黄色中心实线，所有标线应采用反光标线。隧道内宜配合标线设置反光突起路标。

（2）设置必要的视线诱导设施，如主动发光诱导设施等。

（3）隧道洞口可根据需要设置必要的安全防护设施，并做好连接过渡处理。

（4）无照明隧道应重视出入口光线强度变化对驾驶人的影响。出入口处宜保证路面摩擦系数，如采用薄层铺装等措施。

（5）积雪冰冻地区的隧道内宜采取冬季行车的抗滑处理措施。

示例 4.2-14：隧道口位于曲线上，隧道长度大约 500m，无照明设施，隧道内视线不佳，易发生车辆对撞或撞击隧道洞壁的事故。

主要处置措施：入口段护栏延伸至隧道洞口内，做好护栏过渡；隧道洞口设置立面标记，洞口前设置警告标志，提供警示和诱导；隧道内设反光或自发光突起路标和轮廓标，提供良好的诱导；隧道入口前及隧道内施画中心黄实线禁止超车。示例如图 4.2-14 所示。

a)　　　　　　　　　　　　　　　b)

图 4.2-14　隧道路段处置示例

a)护栏延伸至隧道入口内示例；b)隧道内突起路标和轮廓标效果示例

4.2.10　穿越学校、集镇、村庄路段

公路穿越学校、集镇、村庄路段主要的风险因素是快速行驶的车辆和横穿行人、自行车的碰撞，解决的基本原则是规范行人的过路行为，给车辆提供必要的警告，并使车辆降低车速。方案设计时，可采用以下措施之一或综合采用以下措施：

（1）穿越学校路段，设置注意儿童标志和限速标志，在学生集中穿越公路的地方应设置人行横道线。视距不良路段还可设置物理性减速设施。

（2）穿越集镇和村庄路段，设置限速标志、村庄警告标志或注意行人等警告标志。易超速路段可以设置减速标线或物理性减速设施。

（3）横向干扰严重的事故多发路段可设置护栏等设施，同时应考虑行人、牲畜穿越公路的路径。

（4）在街道化较严重的路段，设置信号灯、黄闪灯和安全岛等设施。

示例 4.2-15：穿越村庄路段，弯道内侧有房屋遮挡视线，弯道外侧有民房，发生过车辆冲出路外撞击房屋的事故。

主要处置措施：在弯道视距不良处施画中心实线；设置车行道边缘线；进入村庄路段前设置减速标线；设置村庄警告标志，视情况可设置限速标志；弯道外侧设置护栏，减少车辆驶出路外引发的二次事故，护栏端头斜外展并隐入山体。示例如图 4.2-15 所示。

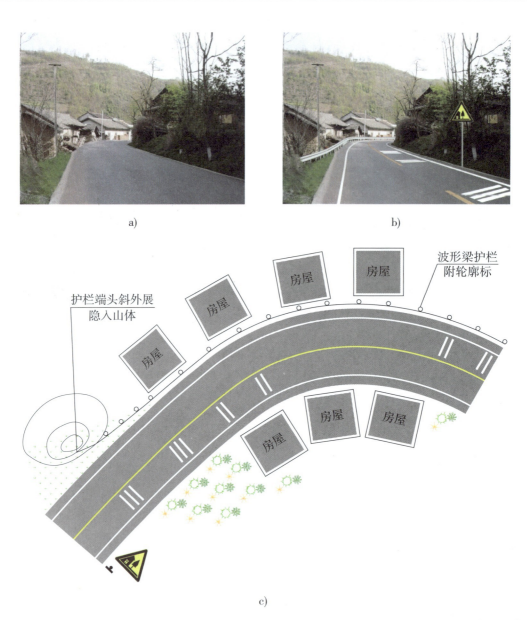

图 4.2-15 穿越学校、集镇、村庄路段处置示例一
a) 处置前；b) 处置后；c) 处置方案示意

示例 4.2-16：进入学校、集镇和村庄前，路面较宽，车速较快，易发生碰撞事故。

主要处置措施：进入村镇前，利用较宽的路面设置突起的交通岛，人为使车道弯曲，降低车辆通过速度；有中央分隔带的可设置二次过街等待区；视横穿公路行人交通量的大小，设置人行横道线，给行人提供横穿通道，并配合设置停止线、人行横道预告标识和人行横道指示标志等。示例如图 4.2-16 所示。

示例 4.2-17：穿越村庄的路段，车速较快，易发生碰撞事故。

主要处置措施：在公路进入村庄前，设置减速丘，降低车辆通过的速度。示例如图 4.2-17 所示。

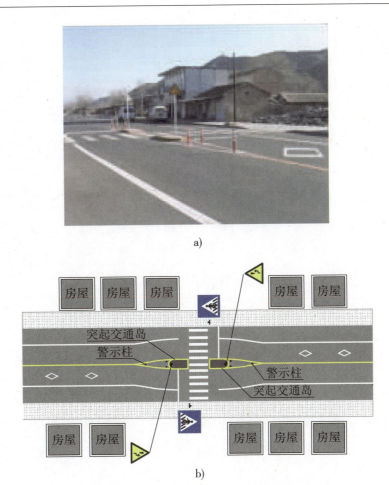

图 4.2-16 穿越学校、集镇、村庄路段处置示例二
a)处置后；b)处置方案示意

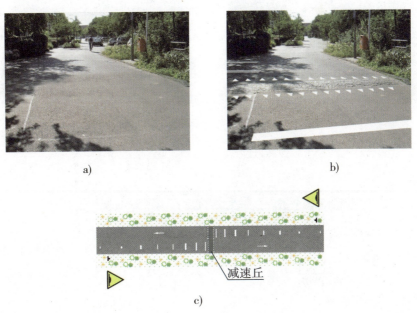

图 4.2-17 穿越学校、集镇、村庄路段处置示例三
a)处置前；b)处置后；c)处置方案示意(图中箭头仅表示交通流方向)

4.2.11 公路条件变化路段

当公路条件发生变化时,驾驶人应根据变化的情况调整车辆行驶状态。有些变化驾驶人能够看到或感受到,如:路基变窄、宽路窄桥、路中间出现上跨桥墩等;有些变化驾驶人可能发现不了,如:设计速度变化。无论哪种情况,都应给驾驶人足够的提前告知或警告。

公路条件变化路段主要风险因素是驾驶人没有及时调整车辆行驶状态,易发生车辆碰撞障碍物、对撞等事故。方案设计时,可根据实际情况采用以下措施之一或综合采用以下措施:

(1) 设置窄路、窄桥、路面障碍物等警告标志。
(2) 设置限速标志和禁止超车标志,视需要设置相应的解除标志。
(3) 设置合理的过渡段标志标线。
(4) 视实际需要设置防护设施或诱导设施。

示例 4.2-18:宽路窄桥路段,易发生车辆撞击桥梁护栏事故。

主要处置措施:桥梁段及前后一定距离内中心线改成黄色实线;为避免车辆撞击桥梁护栏及端头,设置外展式连续示警墩;设置窄桥警告标志等。示例如图 4.2-18 所示。

a)

b)

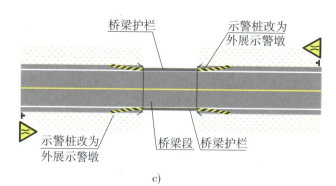
c)

图 4.2-18 宽路窄桥路段处置示例
a) 处置前;b) 处置后;c) 处置方案示意

示例 4.2-19：公路中央分隔形式发生变化，由无中央隔离带路段变化为有中央隔离带路段，易发生车辆冲撞中央分隔带端头的事故，部分车辆会逆行。

主要处置措施：设置过渡段标线；中央分隔带端头前设置警示柱，有条件的可设置碰撞防护设施；设置警告、指示和禁令标志等。示例如图 4.2-19 所示。

图 4.2-19 公路中央分隔带形式变化路段处置示例
a)处置后；b)处置方案示意

示例 4.2-20：路基宽度变化，单向双车道变成单车道，设计速度降低。易发生车辆冲出路外事故，路侧危险度不高。

主要处置措施：设置道路变窄警告标志或车道数变少标志；设置限速标志；设置过渡段标线；如该情况处于弯道路段，有条件时宜在弯道外侧进行路侧宽容处置。示例如图 4.2-20 所示。

示例 4.2-21：路中央有上跨桥墩，易发生车辆碰撞桥墩事故。

主要处置措施：桥墩迎交通面设置立面标记；障碍物之前一定范围内的中心线设置为突起振动标线，或在其上设置警示柱；有条件时设置桥墩防护设施，避免车辆碰撞桥墩引起严重伤亡事故。示例如图 4.2-21 所示。

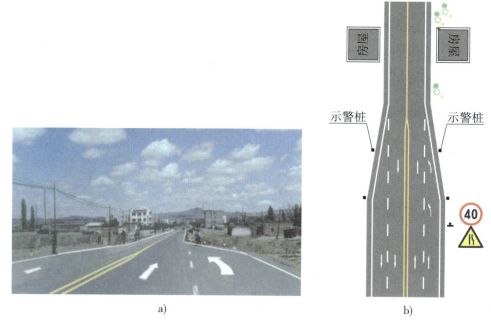

图 4.2-20 车道数变化路段处置示例(图中限速值仅为示意)
a)处置后；b)处置方案示意

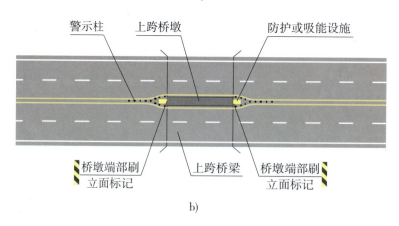

图 4.2-21 路中出现上跨桥墩或其他障碍物路段示例
a)处置后；b)处置方案示意

4.3 多种不良情况组合

有两种及以上不良情况组合的路段，宜根据事故资料，分析事故形态及事故原因，针对主要风险因素，采取相应措施。

4.3.1 一、二级公路典型组合

示例 4.3-1：穿越集镇、村庄路段中存在急弯，受房屋或其他障碍物遮挡，视距不良。车辆不易发现对向车辆或行人，车速过快，易发生两车相撞或碰撞行人的事故。

主要处置措施：合并设置向左（右）急弯警告标志和限速标志，并根据需要设置解除限速标志；进入弯道前设置减速标线，控制弯道路段上车辆的行驶速度；设置中心实线，可采用振动标线，提示驾驶人禁止越线超车；影响视距的障碍物移除困难时，可设置凸面镜。示例如图 4.3-1 所示。

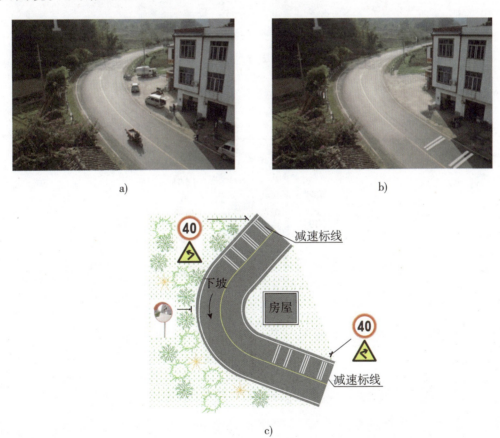

图 4.3-1 穿村路段与视距不良的急弯路段组合处置示例（图中限速值仅为示意）
a）处置前；b）处置后；c）处置方案示意

示例 4.3-2：穿越集镇、村庄路段中存在陡坡路段，上坡坡顶处视距不良，占道超车或行驶时，易发对撞事故。下坡方向车速较快，易发生追尾和碰撞行人的事故。

主要处置措施：上坡前设置上陡坡警告和禁止超车标志；下坡方向合并设置下陡坡警告标志和限速标志；下坡路段设置横向振动减速标线或减速路面，提示驾驶人控制车速。示例如图4.3-2所示。

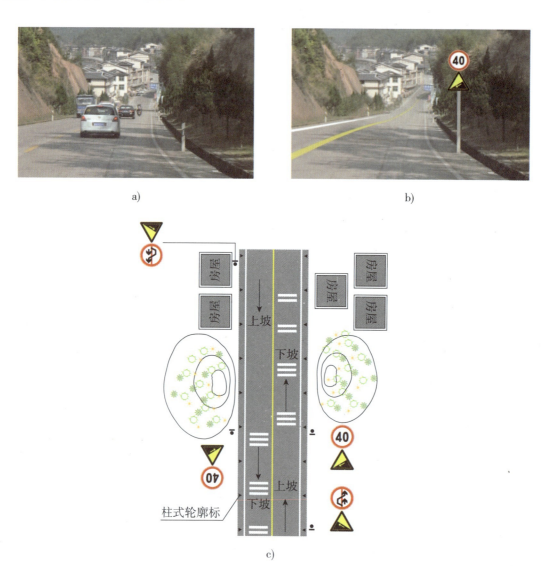

图4.3-2 穿村镇路段与陡坡路段组合处置示例（图中限速值仅为示意）
a)处置前；b)处置后；c)处置方案示意

示例4.3-3：急弯、下坡、视距不良路段，弯道内山体、植被等遮挡视线，下坡方向车辆行驶速度较快，内侧车道车辆易跨线占用对向车道，发生对撞事故。

主要处置措施：下坡路段前设置下坡和急弯警告标志；设置限速或建议速度标志；进入弯道前设置减速标线；设置中心实线，采用振动标线的形式；设置反光视线诱导设施以提高夜间行车视认性；移除影响视距的障碍物，改善视距；移除有困难时，可设置凸面镜等。示例如图4.3-3所示。

图 4.3-3 急弯、下坡、视距不良组合路段处置示例(图中限速值仅为示意)
a)处置前；b)处置后；c)处置方案示意

4.3.2 三、四级公路典型组合

示例 4.3-4：下坡、急弯、视距不良、路侧险要路段，车辆下坡速度较快，车道宽度较窄，弯道半径较小，山体遮挡造成视距不良，无法保证会车视距，易发生对撞事故和车辆冲出路外的翻坠事故。弯道外侧边坡较高且有水体存在，车辆一旦冲出路外，事故后果严重。

主要处置措施：下坡路段前设置下坡或急弯警告标志；必要时可设置限速或建议速度标志；进入弯道前设置减速标线；设置路侧护栏和线形诱导标；修整山体、清除杂草乱石以改善视距，无法移除影响视距的障碍物时，可设置凸面镜；修整路侧边沟；大修时适当调整超高、拓宽路面等。示例如图 4.3-4 所示。

示例 4.3-5：穿越村庄路段为急弯路段，车道宽度较窄，弯道半径较小，房屋及山丘遮挡造成视距不良，无法保证会车视距，易发对撞事故。两侧房屋密集，行人、非机动车较多，出行带有突然性，视距不良给行人安全带来风险。

图 4.3-4　下坡、急弯、路侧险要、视距不良组合路段处置示例
a) 处置后；b) 处置方案示意

主要处置措施：移除部分山丘，改善弯道内侧视距；弯道前的路面施画"急弯"图形标记或设置急弯警告标志；弯道处施画中心黄实线，公路边缘施画注意前方路面状况标记；弯道前的下坡路段设置物理性减速设施(减速丘或减速路面)，提示驾驶人控制车速，视需要设置限速或建议速度标志等。示例如图 4.3-5 所示。

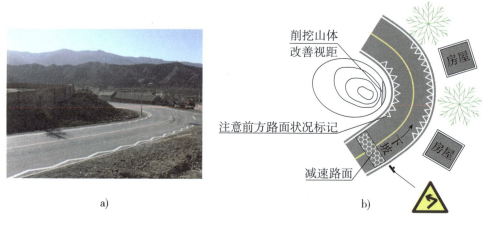

图 4.3-5　穿村路段与视距不良的急弯路段组合处置示例
a) 处置后；b) 处置方案示意

示例 4.3-6：穿越集镇、村庄路段中存在小型支路口，受房屋或其他障碍物遮挡，视距不良，驾驶人不容易觉察到交叉口的存在，也不能观察到相交道路的车辆或行人情况。

主要处置措施：在穿越集镇、村庄路段前设置限速标志、村庄警告标志或注意行人等警告标志；有条件时可在交叉口对向设置凸面镜，弥补视距的不足；支路进入主路前设置减速丘和相应的标志、标线,强制车辆在进入主路前减速;支路口处设置停车让行标志和标线等。示例如图4.3-6所示。

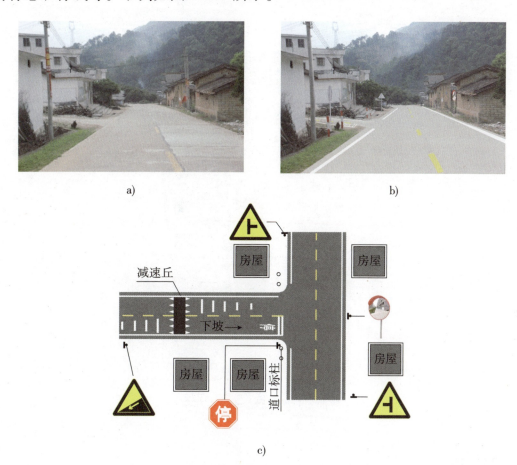

图 4.3-6 穿村路段与小型支路口组合
a)处置前;b)处置后;c)处置方案示意

示例4.3-7:下坡路段末端,桥头接小半径曲线,易发生车辆驶出路外和碰撞桥头的事故。

主要处置措施:将桥梁护栏延伸、外展隐入山体;曲线路段设置中心实线;曲线外侧设置视线诱导设施或轮廓标;曲线前的直线段设置减速标线等。示例如图4.3-7所示。

a) b)

图 4.3-7

图 4.3-7　桥头接小半径曲线路段处置示例
a)处置前；b)处置后；c)处置方案示意

4.4　平面交叉路口

平面交叉路口主要存在两类安全风险因素：一是视距不足。在通视三角区范围内，驾驶人视线被房屋、山体、树木或其他障碍物遮挡，无法看到交叉点和相交道路上的行车情况，易发生车辆对撞或碰撞行人等事故。二是线形不良。交叉口位于小半径弯道路段、交叉口位于陡坡或陡坡底部、相交道路以较大的纵坡与主线交叉等，主线驾驶人难以在短时间内发现交叉口的存在，也不能观察到相交道路的车辆情况。方案设计时，可采用以下措施之一或综合采用以下措施：

（1）有条件时，宜结合养护计划，调整平面交叉及相邻路段线形。

①在斜交平面交叉口，驾驶人较难观察到对向交通流及穿行行人情况，可调整平面交叉次要公路引道线形使交叉角接近直角，以消除斜交导致的视距不足。当交叉角小于70°时，可通过对次要公路在交叉前后一定范围内作局部改线，使交叉角接近直角。示意如图 4.4-1 和图 4.4-2 所示。条件受限不能将斜交扭正为正交时，可将次要公路改线成间距大于 40m 的两个错位 T 形交叉。示意如图 4.4-3 所示。

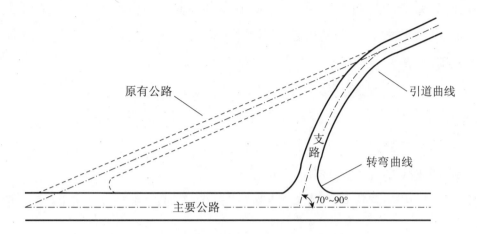

图 4.4-1 交叉角优化方案示意

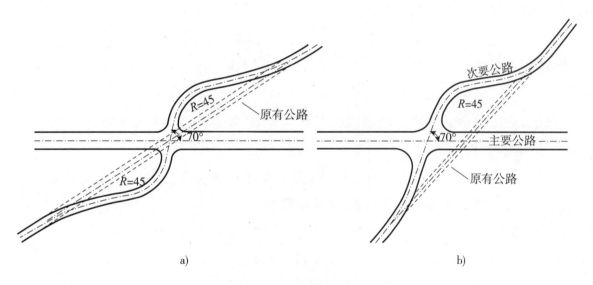

图 4.4-2 十字交叉扭正方案示意(尺寸单位:m)
a)交点不变;b)交点改移

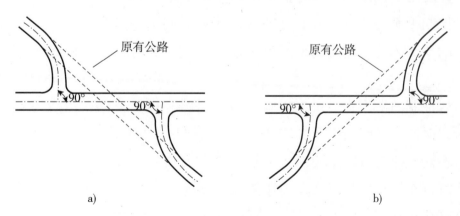

图 4.4-3 改为错位 T 形交叉方案示意
a)顺错位;b)逆错位

②当平面交叉位于凸曲线顶部附近或小半径弯道后方时，容易产生视距不足，除采用标志、标线警示之外，有条件时可通过平面交叉移位、引道消坡、增加平曲线半径等措施，保障视距。

③通过合并支路、改线、移位等方式将四支以上交叉改为四支交叉，避免错位交叉和畸形交叉。

④平面交叉次要公路宜以直线或不设超高的大半径曲线接入主要公路，不满足此条件时，宜调整曲线半径或改变接入点位置。

⑤在交叉范围内公路纵坡宜在0.15%~3%范围内；超过此范围时宜调整纵坡或对交叉点进行移位。

（2）通视三角区内存在树木、房屋、土丘、山体及广告牌等，遮挡视线时，可依据清、移、疏、防四个原则进行改善。

①清，有条件时清除通视三角区内的通视障碍物，如土丘、山体、废弃物等。

②移，有条件时将通视三角区内的通视障碍物移至通视三角区之外，如树木、房屋等。

③疏，通过修剪、整理，使通视三角区内的树木、绿化等不会影响到驾驶人观察相交道路的车辆运行情况。

④防，受条件限制不能进行清理、移除或整理改善视距的情况，宜通过警示、速度控制等方法，降低视距不良交叉口的风险程度。

（3）明确路权。明确并合理分配路权是解决交通冲突的关键措施。

①宜明确交叉口范围内所有交通冲突点的路权，为冲突交通流分配合理的优先通行次序，使得车辆能够安全顺畅地通过交叉口。每个冲突点只能有一股交通流具有优先通行权，其余交通流的车辆必须在冲突点前减速或停车避让具有优先通行权的车辆。在进行路权分配时，应优先考虑为主要公路交通流分配通行权。

②信号控制平面交叉口路权通过信号控制从时间上进行分配。在信号控制不能有效划分路权的局部区域，应通过设置停车让行和减速让行标志、标线等路权分配设施明确路权。

③非信号控制的平面交叉口应先确定主要公路和次要公路，然后为主要公路分配优先通行权，对次要公路的交通实施减速让行或停车让行控制。

④在右转交通流与直行交通流汇流点的前方宜设置减速让行标志和标线，明确右转车辆避让直行车辆。环行交叉口宜在交织环外侧入环位置设置减速让行标志和标线，明确入环车辆让行环内车辆。

⑤相交公路技术等级和行政等级相同时，应以高峰小时流量为依据确定相交公路

路权，对流量较小的入口实施减速让行或停车让行控制。若相交公路流量较大，经通行能力分析采用减速让行或停车让行控制不能满足通行需求时，可考虑采用信号控制分配路权。

（4）完善渠化设施以及标志、标线。通过标志、标线、交通岛明确交叉口路权、规范行车轨迹、分离交通冲突点、进行必要的警示和提醒等。

①合理设置左转弯专用道。左转弯交通流在平面交叉中涉及冲突较多，合理的左转弯专用车道设置可降低交通冲突风险。左转弯车辆较多的平面交叉口，在制订设计方案时可优先考虑增设左转弯专用车道。

②合理设置交通导流岛。交通导流岛是平面交叉主要的渠化设施，合理设置交通导流岛有利于规范车辆行驶轨迹，减少交通冲突，同时可为其他设施设置和行人穿行提供较安全的空间。面域较大的平面交叉，事故较多、需要规范车辆轨迹和冲突点的平面交叉，行人较多且穿行距离较长的平面交叉，可根据需要合理设置交通导流岛。

③完善渠化标志、标线。完善的标志、标线设计有利于及时、正确引导车辆通过平面交叉。在穿越村镇路段或行人较多的平面交叉，设置人行横道，当人行横道长度大于16m时，在人行横道中央设置行人二次过街安全岛。人行横道前宜设车辆停止线，必要时可在其前的路段上设预告或警告标志。设置符合标准规定的导向箭头。在停车让行或减速让行控制平面交叉的次要公路入口设置停车让行或减速让行标志、标线。在平面交叉右转交通导流岛分流端设置两侧通行的交通标志。在车辆容易从交通导流岛分离的右转道出口进入时，在交通导流岛上设置禁止驶入标志。在面积较大或者形状不规则的平面交叉口内设置转弯导流线。出入口直行车道位置不对应时，设置直行车道导流线等。

（5）速度控制。根据实际情况在支路路口设置物理性减速设施和相应的标志、标线，强制支路车辆在汇入干路之前减速。有事故记录的无信号控制平面交叉口和人行道口，可在其前适当位置设置黄闪灯，急弯且视距不良路段存在平面交叉口时，宜设置黄闪灯。

示例4.4-1：一级公路与三级公路平面交叉路口。一级公路为主路，三级公路为支路。在主路和支路上均设置指路标志；进行交叉口渠化设计，设置交通导流岛和主路左转弯专用车道、导向箭头等；在支路上设置停车让行标志标线。方案示意如图4.4-4所示。

示例4.4-2：二级公路支路接入口，在主路上设置交叉口警告标志和道口标柱；支路上设置停车让行标志、标线。方案示意如图4.4-5所示。

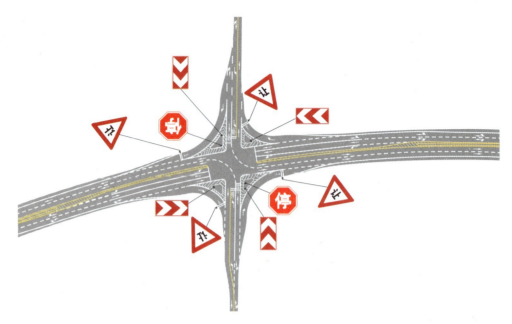

图 4.4-4　一级公路与三级公路平面交叉处置方案示意(图中未包含指路标志)

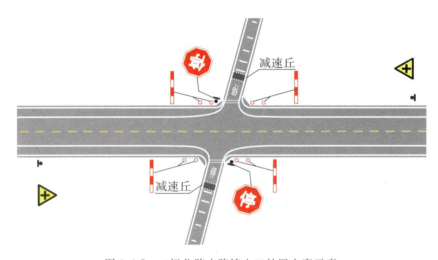

图 4.4-5　二级公路支路接入口处置方案示意

4.5　宽容路侧处理

驾驶人小的失误不应以严重伤亡为代价，应尽量提供宽容的路侧净区，以减小事故车辆和人员的损伤。可以按以下优先次序提高路侧安全：

（1）合理设置标志、标线等设施，加强诱导，使车辆保持在车道内行驶。

（2）车辆驶离车道时，可以通过设置振动标线和路肩振动带，提醒驾驶人驶回车道。

（3）提供尽可能多的路侧净区，减少车辆驶出路外的侧翻事故及减轻事故严重度。例如尽可能使边坡平缓、硬化路肩、将矩形边沟改造为较宽浅边沟或盖板边沟等。

(4)尽量移走路侧巨石等障碍物,如果无法移走,则应以标记,视需要以护栏或其他防撞设施防护,减轻碰撞的严重程度。

4.5.1 提供良好的线形诱导

小半径曲线外侧设置反光轮廓标或线形诱导标,示例如图 4.5-1 所示。

图 4.5-1 小半径曲线外侧设置线形诱导标示例

4.5.2 提供车辆偏离车道的提醒和警告

在驾驶人容易疲劳驾驶,发生车辆偏离行车道事故的路段,有条件时,可设置提醒驾驶人注意行车道边缘的设施,通过车辆驶过时产生的振动或其他方式来提醒驾驶人,示例如图 4.5-2 所示。

a)

b)

图 4.5-2 驶出路外提醒设施示例

a)突起振动标线;b)路肩振动带

4.5.3 提供路侧净区

路侧净区是从行车道边缘开始,车辆驶出路外后能够安全驶回车道的一个宽度范围。在有条件路段,应尽量提供路侧净区。提供路侧净区的示例如图4.5-3所示。

图4.5-3 提供路侧净区示例

4.5.4 路侧障碍物的处理

当路侧净区内存在障碍物时,可以视具体情况,参考以下优先顺序采取对策:

(1)移除。有条件时,尽量移除路侧净区内的障碍物。

(2)进行结构安全化设计。对于无法移除的路侧杆柱等障碍物,有条件时,可以通过结构优化,进行安全化设计,降低对安全的影响。例如可以对路边排水沟进行新的结构设计,使车辆可以安全穿越等。

(3)移位。障碍物无法移除时,可将其移至距离车行道更远的位置,或移至碰撞可能性低的位置,如弯道内侧等。

(4)采用解体消能结构。若障碍物无法被移除或移位,有条件时,可考虑采用解体消能设施或结构,降低车辆与其碰撞的严重程度。

(5)防护。无法采取以上措施时,视具体情况对路侧障碍物进行防护。如果障碍物连续分布,采用上述对策条件不具备时,也可以考虑对障碍物进行必要的防护。

(6)进行有效的标识。采取上述措施条件不具备时,视实际需要对路侧障碍物进行标识,对驾驶人进行提醒或警告。例如在路侧障碍物上粘贴反光膜、涂反光漆、设置立面标记等。

4.5.5 边沟与路肩的处置

有条件时,在路侧危险程度不大的路段,宜将边坡放缓、拓宽路肩,能够满足排水需要情况下，可将边沟修建成浅边沟或碟形边沟，不能满足排水要求时，可采取封盖边沟的方法。处置示例如图 4.5-4～图 4.5-8 所示。

a)　　　　　　　　　　　　　　b)

图 4.5-4　放缓边坡处置示例

a)处置前；b)处置后

a)　　　　　　　　　　　　　　b)

图 4.5-5　路肩处置示例

a)简易硬化路肩示例；b)安全处理路肩集水口示例

a)　　　　　　　　　　　　　　b)

图 4.5-6　改为宽浅边沟处置示例一

a)处置前；b)处置后

a)   b)

图 4.5-7 改为宽浅边沟处置示例二

a)处置前；b)处置后

a)   b)

图 4.5-8 封盖边沟处置示例

a)处置前；b)处置后

4.6 公路与铁路立体交叉

公路与铁路立体交叉的主要风险因素是失控车辆冲出路外，跌落在铁路上引起二次事故或影响铁路正常运营。方案设计时，可根据实际情况采用以下措施之一或综合采用以下措施：

（1）完善公路交通标志、标线。立体交叉及其上游路段应施画中心实线，设置禁止超车标志、限制质量或轴重标志等。

（2）应在桥梁上设置钢筋混凝土护栏和防护网。护栏防护等级应在有关标准规范规定的基础上，提高一个等级。设置桥梁护栏和防护网时，必须针对新增加的恒载以及车辆碰撞荷载对桥梁主体结构进行验算，确保不会对桥梁结构的安全造成影响。

（3）视实际情况，进入立体交叉路段前设置必要的减速设施。

（4）视实际情况，设置必要的视线诱导设施。

4.7 其他

4.7.1 桥头跳车

桥头路基和桥梁结构部分沉降不均，车速较快时易跳车，驾乘舒适性降低并易发生交通事故。宜首先考虑通过工程改造措施，消除桥头跳车。条件不具备时，可在桥头设置路面不平的警告标志，设置桥梁护栏并注意桥梁护栏与路基护栏的连接过渡处理。

4.7.2 路肩上绿化

路肩上绿化适宜种植矮灌木，如果种植树木，则应尽量远离路肩，并注意修剪枝权，以减少对视距的影响和对路侧标志的遮挡。

路肩上绿化应符合《公路环境保护设计规范》(JTG B04)中的相关规定。在路线排水沟外侧种植行道树，宜优化品种，丰富道路两侧景观。在小半径竖曲线顶部且平面线形转弯的曲线路段，可在平曲线外侧以行植方式栽植树木，诱导视线。宜采用当地树种绿化，即可以节省费用，又可以充分融入当地的自然景观之中，还可以减少树木的病害。

4.7.3 路宅分离

公路沿线村镇较多时，行人、车辆等任意横穿公路，易引发事故。有条件时，在村镇密集路段，可采取措施减少行人、车辆等对公路上交通的干扰。通常可采用绿篱或花坛、隔离栅等进行路宅分离。示例如图 4.7-1 所示。

4.7.4 夜间视认性增强

在夜间交通量较大的路段、穿越城镇路段等，可通过以下措施提高道路夜间安全保障的水平：

(1) 标志版面、路面标线等选用反光材料，护栏立柱宜粘贴反光膜或在波形梁板上加装轮廓标，示警桩、示警墩宜粘贴反光膜，在车灯照射下，可以获得较好的反光效果，提高视认水平。示例如图 4.7-2 所示。

(2) 在隧道端墙、障碍物表面等设置反光的立面标记、实体标记。立面标记用以提醒驾驶人注意，在车行道或近旁有高出路面的构造物。实体标记用以给出公路净空范围内实体构造物的轮廓，提醒驾驶人注意。示例如图 4.7-3 所示。

a)

b)

图 4.7-1 路宅分离示例

a)用花坛或水泥墩进行路宅分离示例；b)用隔离栅或栅栏进行路宅分离示例

图 4.7-2 具有反光性能的标志标线效果示例

（3）必要时，用突起路标与反光标线标示出公路轮廓。突起路标与标线配合使用时，应选用主动发光型或定向反光型，其颜色与标线颜色一致，布设间隔为 6~15m，一般设置在标线的空当中，也可依据实际情况适当加密。与边缘线和中心单实线配合使用时，突起路标应设置在标线的一侧，其间隔应与在车行道分界线设置的间隔相同。示例如图 4.7-4 所示。

（4）设置反光型线形诱导标和轮廓标。在视距不良、急弯、车道数或车道宽度有变化及连续急弯陡坡等路段宜设置轮廓标，设计速度大于或等于 60km/h 的公路宜全线设置轮廓标。在气候条件恶劣、线形条件差和事故多发路段应设置反光性能高的轮廓标或采用尺寸较大的反射器。轮廓标在公路前进方向左、右侧对称设置。轮廓标反射器分白色和黄色两种，设中央分隔带的整体式一级公路或分离式一级公路，按行车方向，左侧设置黄色轮廓标，右侧设置白色轮廓标；二、三、四级公路，按行车方向左右两侧的轮廓标均为白色。

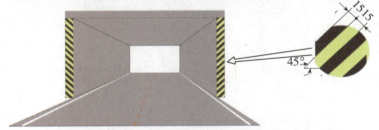

图 4.7-3　立面标记及设置效果示例(尺寸单位：cm)

图 4.7-4　突起路标的设置效果示例

在驾驶人难以明了前方线形走向的小半径弯道外侧，可视具体情况设置一定数量的线形诱导标。线形诱导标的尺寸当设计速度大于或等于80km/h时，可选用600mm×800mm；当设计速度小于80km/h时，可选用400mm×600mm，最小不得小于220mm×400mm。线形诱导标的设置应根据曲线半径、曲线长度、偏角大小确定，应保证驾驶人在曲线范围内连续看到不少于三块诱导标。

（5）充分利用太阳能和 LED 技术，设置自发光设施。易受不良气象条件影响的路段，可设置自发光交通标志、黄闪灯等，示例如图 4.7-5 所示；偏远隧道可设置自发光突起路标、轮廓标等，示例如图 4.7-6 所示。

a)

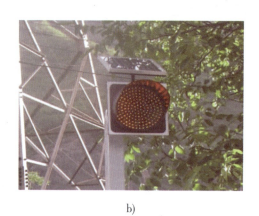

b)

图 4.7-5　太阳能自发光标志和黄闪灯示例

a）太阳能自发光标志示例；b）太阳能黄闪灯示例

4.7.5　加油站

加油站的设置不得侵占公路建筑限界。加油站附近易发生同方向车辆交织冲突和逆方向的侧撞事故，应注意加油站的出入口及过渡段设计。在经常发生加油站进出车辆与主路车辆碰撞事故的路段，宜设置警告标志，对进出加油站的路段进行渠化处理等。

4.7.6　收费站

收费站宜设置在视距好、线形平直路段。对于经常发生碰撞收费亭事故的情况，由所辖交通管理、运输、路政等部门联合分析事故原因并提出有效治理方案，防止碰撞事故屡屡发生，达到标本兼治的目的。

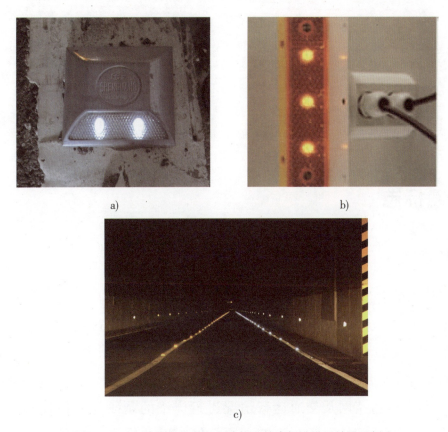

图 4.7-6 太阳能自发光突起路标和轮廓标及设置效果示例
a)自发光突起路标示例;b)自发光轮廓标示例;c)设置效果示例

5 安全设施设计

5.1 交通标志

5.1.1 一般规定

（1）交通标志的分类、颜色、形状、字符、尺寸、图形等一般要求，以及设计、制造、设置、施工的要求应符合《道路交通标志和标线》（GB 5768）、《公路交通标志和标线设置规范》（JTG D82）和其他相关标准规范的规定。

（2）公路交通标志的设置应与实际的交通运行状况相匹配。在进行交通标志设计之前，应对设计路段周边路网及交通运行情况进行详细的调研与资料收集，分析、弄清道路基础条件、交通运行特征、存在的主要问题，以及周边路段交通标志和标线设置情况，综合分析，确定方案。

（3）设置公路交通标志时，应以路段排查发现的主要风险因素分析为基础，针对性地设置相应的交通标志。交通标志应向驾驶人传达明确的交通信息，设置参数选择合理，驾驶人有足够的识认标志、实施驾驶行为的时间。宜综合采取多种手段提供警告与诱导信息，避免因公路沿线标志林立而降低交通标志的有效性。

（4）事故多发或交通运行条件复杂的路段，可通过增加交通标志尺寸、提升夜间视认性等手段提高其警示、诱导和信息传递效果。具体措施包括：

①夜间事故多发路段，在综合分析风险因素的基础上，可通过提升反光膜反光等级、应用外部照明或采用主动发光标志等手段提升交通标志的夜间视认性。

②人流量较大的行人密集区域、学校及周边区域设置的注意行人标志、注意儿童标志的尺寸可在标准要求的基础上上调一档，并宜采用荧光黄绿色反光膜。

（5）三、四级公路交通标志设置应注意：

①承担旅游、客运功能的三、四级公路宜设置齐全的交通标志。

②主要为沿线村民服务、未通客运的三、四级公路，可仅在高风险路段设置交通标志。

③标志材料、结构形式可因地制宜，灵活应用。标志材料可合理采用铝合金、钢

材、合成树脂、石材、木材等多种材料；标志结构除采用常见的单柱、单悬、双柱等形式外，条件受限时也可将标志内容施画于山体、石块等结构物上。

④交通量较小的路段，可将警告或禁令标志版面施画为路面标记。

（6）公路交通标志的任何部分不得侵入公路建筑限界以内。有条件时，路侧柱式交通标志宜采用解体消能结构，降低冲出路外车辆产生二次事故的可能性。

5.1.2 标志设置要素

（1）前置距离

需要驾驶人根据信息采取相应行动的，例如变换车道、改变行驶方向、减速或停车等情况，在标志设置时，除确保驾驶人在动态条件下能读完标志信息外，还应预留一定的前置距离，给驾驶人采取相应行动提供时间和空间。这类标志主要是警告标志，设置前置距离应符合《道路交通标志和标线》(GB 5768)的有关规定。

（2）标志尺寸

一、二、三、四级公路按照设计速度选择标志字高，应符合《道路交通标志和标线》(GB 5768)的规定。车辆运行速度大于设计速度的，可按实际调查或观测的运行速度确定标志字符高度。

（3）标志结构和形式

标志支撑结构宜选择单柱和悬臂，也可使用双柱结构。路侧条件允许时，宜采用单柱式，也可在保证结构稳定安全的前提下，将标志附着于路侧山石上。

路侧柱式、附着式标志安装高度在100~250cm之间。悬臂式、门架式、高架附着式标志安装高度应符合公路建筑限界的净高要求。路侧安装的标志板下缘至路面的高度，可根据是否妨碍行人活动、版面信息是否被遮挡而进行调整，无行人活动的路侧标志可取下限。柱式标志板的内缘、悬臂标志和门架标志的立柱内边缘距土路肩边缘的距离不应小于25cm(土路肩硬化的以硬化路面外边缘计)。设置于桥梁上的交通标志，受空间或力学条件限制时，立柱基础可与混凝土护栏成为一体，但需作特殊处理。

5.1.3 交通标志和标线的配合

（1）如果条件具备，宜同时设置交通标志和标线。

（2）路面未硬化铺装的公路，可只设置标志。其他公路上，因空间受限无法设标志时，应设置标线。

（3）只设标线的路段，宜考虑积雪等的影响确定是否设标志。只设标志的路段，宜考虑车辆遮挡等影响确定是否设标线。

（4）禁止超车路段，应设置禁止超车标线，可在禁止超车路段的起点和终点配套设置禁止超车标志。

（5）设置停车让行和减速让行标志的路段，除路面未铺装硬化、经常积雪等情况外，应配合设置相应的停车让行和减速让行标线。

5.1.4 限速标志的设置

路段限速值可以取自由流状态下第85位车速 v_{85}，并在一定范围内调整。设置限速标志时还需考虑以下因素：

（1）公路等级、特征、线形和视距情况。

（2）路侧土地使用和环境情况。

（3）停车需求和行人活动情况。

（4）历史事故记录情况。

设置限速标志时，可以分车型分别限速，如客车、货车分别限速，也可以分时间或天气分别限速，如专门的夜间限速等。公路特征或周围土地使用情况发生了较大变化的路段，宜对限速标志进行再评估。路段限速值不宜频繁变化，不同限速值的最小限速区间长度可参考表5.1-1。

表 5.1-1 不同限速值的最小限速长度

限速值（km/h）	40	40（仅限于学校）	60	70	80	90	100
最小长度（km）	0.4	0.2	0.6	0.7	0.8	0.9	2.0

5.1.5 指路标志的设置

1）设置原则

（1）一、二、三、四级公路指路标志按功能分为交叉路口预告标志、交叉路口告知标志、确认标志、地点指引标志、沿线设施指引标志和其他道路信息指引标志六类。交叉路口预告、告知和确认标志统称路径指引标志，一般设置在公路交叉口前后，其他类型指路标志设置在公路路段上。指路标志分类如表5.1-2所示。

（2）公路指路标志的服务对象是对路网不熟悉但对出行有所规划的公路使用者。指路标志应兼顾近途与远途公路使用者需求，提供去往目的地所经过的道路、沿途相关城镇、重要公共设施、服务设施、地点、距离和行车方向等信息。合理设置的公路指路标志应相互关联，并构成完整指路系统，使公路使用者在指路标志的指引下，配合交通地图等辅助手段顺利到达目的地。

表 5.1-2　指路指引标志分类

标志种类	标志名称	示　　例
交叉路口预告标志	四车道及以上公路交叉路口预告	
	大交通量的四车道以上公路交叉路口预告	
	箭头杆上标识公路编号、道路名称的公路交叉路口预告	
	预告前方交叉公路编号	
交叉路口告知标志	十字交叉路口	
	丁字交叉路口	
	Y形交叉路口	
	环形交叉路口	

续上表

标志种类	标志名称	示 例
交叉路口告知标志	互通式立体交叉	
	分岔处	
确认标志	国道编号	G105
	省道编号	S203
	县道编号	X008
	乡道编号	Y002
	地点距离	南直路 2km / 八一路 15km / G101 25km
地点指引标志	地名	上清水
	著名地点	昆仑山口 海拔2247m
	行政区划分界	北京界
	管理分界	顺义道班

续上表

标志种类	标志名称	示　例
沿线设施指引标志	停车场	
	错车道	
	残疾人设施	
	观景台	
	应急避难设施(场所)	
	休息区	
其他道路信息指引标志	绕行	
	此路不通	
	交通监控设备	
	隧道出口距离预告	

（3）指路标志应当提供系统、全面的信息，同时避免信息过载。指路标志应提供前方到达地点或交叉线路的信息、所在地的信息，从充分发挥路网功能和方便公路使用者的角度考虑，还可提供公路编号的信息和"东、西、南、北"方向信息。

为避免一块标志版面发布过多信息，可参照已有经验，将平面交叉指路信息、路线编号指示信息、方向指示信息及地点距离确认信息分设于不同的板面，并按照一定的距离间隔分布于平面交叉周围，示意如图5.1-1所示。首先用交叉路口预告标志告知驾驶人前方相交的公路为S210，平面交叉前设置的交叉路口告知标志告诉驾驶人平面交叉各方向（河北省、海淀区）、公路编号（直行是G109，右转是S210）信息，进入平面交叉后驾驶人看到直行和右转的公路标号标志，通过平面交叉后，公路编号标志、地点距离标志等确认标志使驾驶人确认其所在公路，同时地点距离标志也预告前方的重要地点。

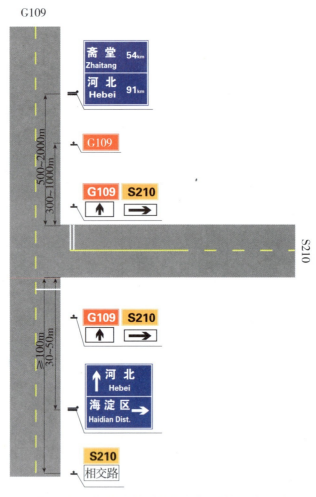

图5.1-1 不同类型指路信息分设、间隔布置示意

（4）在一条公路上不同时期先后设置的标志，应注意信息连贯；公路沿途的地名指示应层次分明，地名、路名、路线编号相互呼应。

(5)同一条公路标志设计的标准、设置原则、风格、规格应保持一致。分段设计的公路，应保持标志设置原则的统一和协调，避免标志指示的路名、地点、趋向、距离等信息的不统一。

(6)本地区行政区域范围内不以本行政区域名为指路信息。

2)指路信息分级体系

(1)公路指路标志的信息包括路线名称和编号信息、地区名称和地点名称信息、行政区划分界信息、地理方位信息、距离信息、安全行车的指引信息等六大类别。

路线名称和编号信息包括当前所在公路路线名称、编号信息和前方公路路线名称、编号信息。

地区名称信息分为重要地区（包括直辖市、省会、自治区首府、副省级城市、地级市等）、主要地区（包括县及县级市、重要旅游景点等）和一般地区（包括乡、镇、村等）信息三类。

著名地点和主要地点名称信息包括交通设施、文化设施、旅游设施和其他公用设施等以及交通量较大的交叉路口、国道或省道的分支点等信息。

地理方位信息包括东、南、西、北四个地理方位信息。

距离信息指当前位置距离前方重要公路、省市、城镇、立体交叉等的距离。

(2)公路指路标志的信息应综合考虑重要程度、公路等级、服务功能等因素进行分层，按层级选用。公路指路标志的信息分层可参照表5.1-3。

表5.1-3 指路标志信息分层表

类 别	A层信息	B层信息	C层信息
路线名称信息	高速公路、城市快速路、国道编号、城市主干道及城市环线	省道编号、城市次干道	县、乡道编号和名称，城市支路
地区名称信息	重要地区（直辖市、省会、自治区首府、计划单列市、经济特区）	地级市、县（市）、大型经济开发区、著名地点、公路沿线设施、港口	乡镇、重要集镇、著名村庄
旅游景区信息	国家级旅游景点、自然保护区、国家级大型文体设施	市级旅游景点、自然保护区、博物馆	县级旅游景点、博物馆、纪念馆

续上表

类　别	A 层 信 息	B 层 信 息	C 层 信 息
交通枢纽信息	飞机场、特等或一等火车站	二等或三等火车站、长途汽车总站、大型环岛、大型立交桥	重要路口
重要地物信息	国家级产业基地、所在省或直辖市标志性建筑物	市级产业基地、市级文体场馆、科技园	县级产业基地和企业、县级文体中心

3）指路标志设置方法

可按如下四步进行指路标志设计：

第一步，确定指路标志信息分层。深入了解该路段所处路网情况，熟悉路网内各重要公路情况、公路交叉情况以及路网内主要结点情况。根据各公路等级，参照表5.1-3对路网内信息进行分层，并将分层情况进行列表。

第二步，布设交叉口指路标志。根据交叉口各交叉公路的等级，按有关标准规范的规定配置交叉口指路标志，根据指路信息分层情况，选取适当信息写入指路标志，根据信息进行标志的版面设计。

第三步，布设路段指路标志。针对除交叉口以外的路段上存在的需要指示的地点信息、沿线设施信息以及其他道路信息，选择相应标志，根据有关标准规范的规定设置指路标志。

第四步，统筹检查。初步设计完成后，应统筹检查指路标志的设置是否科学、合理。检查的内容宜包括以下几方面：

①检查指路标志的信息分层与选取是否合理。检查路网内信息分层是否合理，是否存在疏漏、分层错误的情况。检查路网指路标志是否存在漏选或错选信息的情况。检查路网指路标志的信息是否连续、呼应，是否存在信息中断的情况。检查路网中对同一信息的距离指示标准是否统一，距离的数值是否准确，是否存在前后矛盾之处。

②检查交叉口路径指引标志设置的情况。检查交叉口路径指引标志的配置是否合理，包括：是否根据有关规定配置了相应的路径指引标志，不同路径指引标志的设置位置、间距是否合理，交叉口各入口方向路径指引标志的信息是否对应，地点距离标志的设置位置和信息选取是否合理等。进行交叉口路径指引标志的优化设置，包括：设置了指路标志后，当有多条路径通向同一地点时，指路标志是否指引了最佳路线。指路标志信息存在多种选取可能时，是否选择了最重要的信息，是否与当地的社会与经济发展相联系。指路标志的设置是否便于识认，版面布置是否准确且不易被误解。

③检查路段上指路标志设置的情况。是否对沿线设施或道路信息进行了相应的指引；相关标志的设置位置是否符合标准规范要求；标志设置是否便于识认；当沿线设施较密或道路信息较密时，是否采取了相应的技术手段对信息进行合并处理，是否因此产生了标志的相互遮挡等。

4）指路标志设计示例

图 5.1-2 所示为某路网示意图，其中 G326 为该地区主要运输通道，并先后与 G210、S205、X010 相交。以公路向北行车方向为例，说明不同等级公路交叉口路径指引标志设置方法。

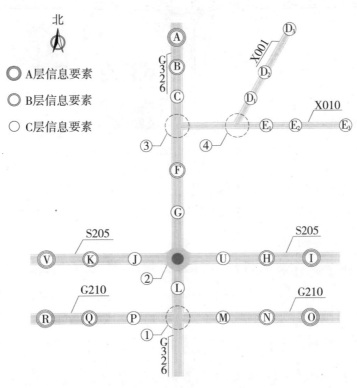

图 5.1-2　示例路网示意

(1) 国道与国道相交指路标志设置示例

图 5.1-2 中交叉口①为 G326 与 G210 相交，属于国道与国道交叉口。根据有关标准规范的规定，应配置交叉口预告标志、交叉口告知标志以及确认标志。

在交叉口①前设置交叉口预告标志，预告前方 300m 为 G326 与 G210 相交交叉口。该交叉口为十字交叉，应设置十字交叉口指路标志。交叉口指路标志信息选择遵循国家标准《道路交通标志和标线　第 2 部分：道路交通标志》（GB 5768.2）的规定，G326 主线方向指示前方最近的 A 层信息要素 A 和最近的 B 层信息要素"S205"。支线（G210）右转方向指示最近的 A 层信息要素 O 和最近的 B 层信息要素 N；左转方向指示最近的 A 层信息要素 R 和最近的 B 层信息要素 Q。过交叉口后的确认标志包括公路编号标志与地点距离标志。G326 上地点距离标志指示 A、S205 以及最近的 C 层信息要素 L，G210 地点距离标志同理进行设置，示意如图 5.1-3 所示。

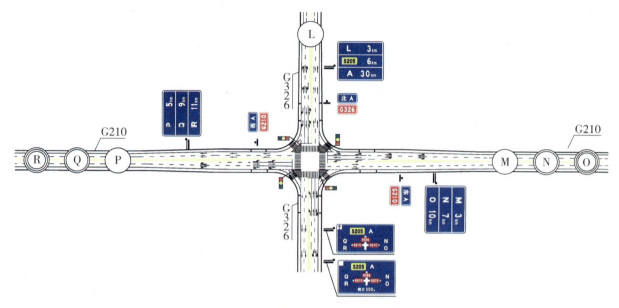

图 5.1-3　国道与国道相交路径指引标志设置示意

（2）国道与省道相交指路标志设置示例

图 5.1-2 中交叉口②为 G326 与 S205 相交，属于国道与省道交叉口，应配置交叉口预告标志、交叉口告知标志以及确认标志。

在交叉口②前首先设置交叉口预告标志，预告前方为 G326 与 S205 相交交叉口。该交叉口为环岛，应设置环形交叉口指路标志。G326 主线方向指示前方最近的 A 层信息要素 A 和最近的 B 层信息要素 F。支线（S205）右转方向指示最近的 A 层信息要素 I 和最近的 B 层信息要素 H；左转方向指示最近的 A 层信息要素 V 和最近的 B 层信息要素 K。过交叉口后的指路确认标志包括公路编号标志与地点距离标志。G326 上地点距离标志指示 A、B 以及最近的 C 层信息要素 C，S205 地点距离标志指示最近的 B 层信息要素及 C 层信息要素。示意如图 5.1-4 所示。

（3）国（省）道与县道相交指路标志设置示例

图 5.1-2 中交叉口③为 G326 与 X010 相交，属于国（省）道与县道交叉口。因 X010 交通量较大且为双向两车道公路，宜配置单柱式交叉口预告标志、交叉口路径指引标志以及指路确认标志。

在交叉口③前首先设置交叉口预告标志，预告前方为 G326 与 X010 相交交叉口。该交叉口为 T 形交叉口，应设置 T 形交叉口指路标志。G326 主线方向指示前方最近的 A 层信息要素 A 和最近的 B 层信息要素 B。支线（X010）方向信息选择应根据前方 C 层信息的重要度进行。通过对沿线三个三级结点 E_1、E_2、E_3 的资料收集与调研，发现

E_2、E_3 的机动车保有量、人口、面积等均高过 E_1,而 E_2、E_3 重要度相近,此时选取道路终点 E_3 作为指示信息。过交叉口后的指路确认标志包括公路编号标志与地点距离标志。G326 上地点距离标志指示 A、B 以及最近的 C 层信息要素 C,X010 地点距离标志同理进行设置。示意如图 5.1-5 所示。

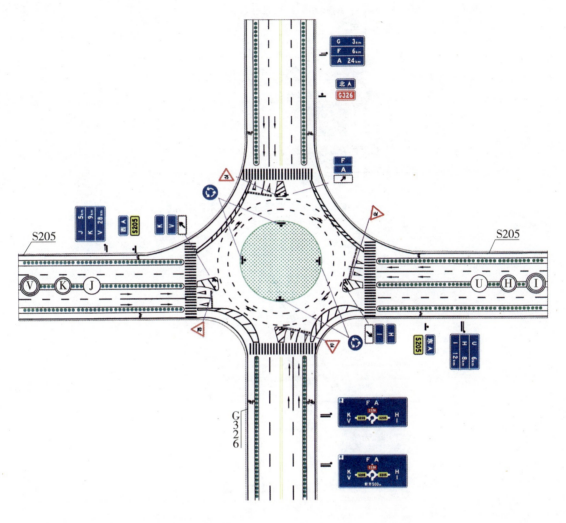

图 5.1-4　国道与省道相交路径指引标志设置示意

(4) 县道与县道相交指路标志设置示例

图 5.1-2 中交叉口④为 X010 与 X001 相交,属于县道与县道交叉口。因县道交通量较大,宜配置交叉口路径指引标志以及指路确认标志。

在交叉口④设置交叉口路径指引标志。该交叉口为 Y 形交叉口,应设置 Y 形交叉口指路标志。X010 主线方向指示前方最重要的 C 层信息要素 E_3。支线(X001)方向指示前方 C 层信息中最重要的 D_2;过交叉口后的指路确认标志包括公路编号标志与地点距离标志。地点距离标志分别指示距离 E_3、D_2 的距离。示意如图 5.1-6 所示。

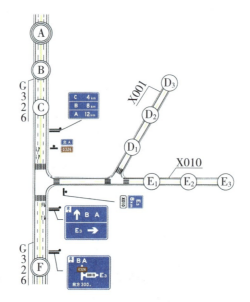

图 5.1-5 国(省)道与县道相交路径指引标志设置示意

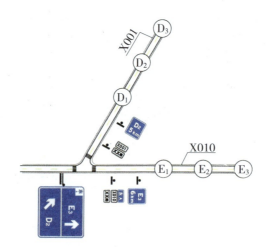

图 5.1-6 县道与县道相交路径指引标志设置示意

5.2 交通标线

5.2.1 一般规定

(1)交通标线的颜色、形状、字符、尺寸、图形等一般要求,以及设计、制造、设置、施工的要求应符合《道路交通标志和标线》(GB 5768)、《公路交通标志和标线设置规范》(JTG D82)和其他相关标准规范的规定。

(2)标线设置应与道路交通运行情况相匹配。进行标线设计之前,需要首先对所设计道路的基础条件、实际(或可能的)交通组成、交通流运行的特点有详细的了解,依据实际交通需要设置标线。

（3）路面标线作为信息传递的手段，所能够传递的信息量是有限的，如果期望通过标线传递的信息过多，反而可能导致混乱，妨碍正确信息的传递。

（4）交通标线设计不应拘泥于形式上的统一，一切以道路资源有效利用及交通运行更加顺畅安全为目的，在此基础之上依据道路交通条件灵活处理各种标线的设置。

（5）同一地点设置的交通标志、标线等交通设施，所传递的交通信息不能相互矛盾，不能给交通参与者造成困惑。

5.2.2 交叉路口及其附近公路交通标线设计

交叉路口及其附近的交通标线，主要是为保障交叉路口的交通能够平稳有序和安全。按照设置位置的不同，又包括如下的内容：

（1）交叉路口出入部分的标线：在交叉路口出入部分，根据车行道功能划分，分别设置车行道分界线、导向箭头、导流线等标线。这些标线的设置是为了指明驶入、驶出交叉路口交通流的行驶位置和前进方向。

（2）交叉路口内的标线：在交叉路口停止线内侧设置停止线、人行横道线、导向线、导流线、非机动车禁驶区线、中心圈等标线，目的是为了指示交叉路口内交通流的交叉规则、左右拐弯的方法以及行驶方向等。

交叉路口及其附近交通标线的一般设计顺序如图 5.2-1 所示。

第一步，车道功能划分。根据交叉路口出入部分的道路横断面构成，确定车行道数量、车行道道宽、非机动车道宽度等参数，由此可以确定车行道边缘线的大体位置。

第二步，确定人行横道线的设置位置。根据第一步中确定的车行道边缘线的延长线，综合考虑横穿道路的行人和非机动车的安全及便利而确定。

第三步，确定停止线或让行线的位置。由第二步中确定的人行横道线的位置直接确定停止线或让行线的位置，但停止线或让行线的位置，还需要依据左右转弯车辆的行驶轨迹线进行确认和调整，以保证车辆停止操作的顺畅、自然及车辆停止后驾驶人能够清楚地看到交叉路口内的交通情况或清楚地看到其他的交通管制措施。

第四步，以上述一、二、三步结果为基础，结合道路实际情况和交通组成情况，对车辆在交叉口及其附近道路的行驶轨迹进行分析，一般应形成车辆行驶轨迹图。

第五、六步，由上述工作的结果，分别设计左右转弯专用道标线的有关参数及导流相关的标线。

第七步，最后完成车行道分界线、车行道边缘线、导向箭头或禁止左右转弯标识等的设置。

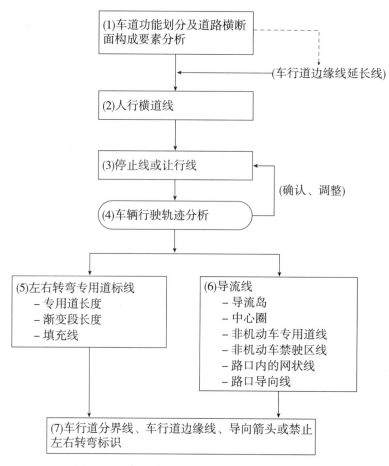

图 5.2-1 交叉路口及其附近交通标线设计顺序

5.2.3 路段交通标线设计

（1）公路中心线：年平均日交通量大于或等于 300 辆/d，且路面宽度大于等于 6m 的双向行驶的公路，及路面宽度大于或等于 6m 的公路城镇段，应设置公路中心线。公路中心线宜设置在公路的中线上，但不限于一定设在公路的几何中心线上。如公路几何中心线位置为水泥混凝土路面的接缝或其他原因无法施画中心线时，单黄实线或单黄虚线中心线可偏离几何中心线设置，偏离距离应取能够进行标线施画作业的最小值，并保证偏离后车行道宽度符合标准规范的要求。

（2）车行道分界线：同一行驶方向有两条或以上的车行道时，应设置同向车行道分界线。同向车行道分界线的设置位置，应按照车行道宽度和公路横断面实际布置情况确定。

（3）车行道边缘线：设置在公路两侧紧靠车行道的硬路肩或非机动车道内，不得侵入车行道内。双向四车道及以上公路除出入口、交叉口及允许路边停车的特殊路段外，所有车行道边缘上应设置车行道边缘白色实线，双向三车道及以下公路可不设置，但下列情况下应在车行道边缘施画白色实线：

①窄桥及其上下游路段。
②采用设计极限指标的曲线段及其上下游路段。
③交通流发生合流或分流的路段。
④路面宽度发生变化的路段。
⑤路侧障碍物距车行道较近的路段。
⑥经常出现大雾等影响安全行车天气的路段。
⑦非机动车或行人较多的机非混行路段。

(4)路段中的人行横道线、出入口标线、公路条件或车行道宽度变化段标线、接近障碍物段标线、曲线段及视距不良段标线、停靠站相关标线、实施禁令管制路段标线、中央分隔带相关标线、收费站相关标线等特殊路段标线，应按照《公路交通标志和标线》(GB 5768)、《公路交通标志和标线设置规范》(JTG D82)及其他相关标准规范的要求，有针对性地设计。

5.2.4 减速丘标线及减速标线

(1)设置减速丘的路段，应在减速丘前设置减速丘标线。减速丘标线由设置在减速丘上的标记和设置在减速丘上游的前置标线组成。减速丘与人行横道联合设置时，可省略减速丘上的标记部分，但应标示出减速丘的边缘。减速丘标线应用反光标线。

大型减速丘标线设置示意如图 5.2-2 所示，小型减速丘标线设置示意如图 5.2-3 所示。

(2)各类收费站、超限超载检测站进口端宜设置减速标线。下列条件下宜在需要减速的路段前及路段中设置车行道减速标线：

①车行道曲线半径小于 300m，停车视距小于 75m 的弯路前。
②反向弯路、连续弯路、相邻反向平曲线间距小于 100m 的弯路，宜连续设置。
③车辆经平路段或上坡路段后进入下坡路段，当下坡坡度大于 3.5% 时，在坡顶前设置。
④事故多发地点前。为提高设置效果，可根据实际情况延伸到事故多发地点内。

车辆平均运行速度低于 80km/h 的路段，可选择车行道横向减速标线。车行道横向减速标线的设置间隔应使车辆通过各标线间隔的时间大致相等，以利于行驶速度逐步降低，减速度一般设计为 $1.8m/s^2$。路段车辆平均运行速度较高，大车混入率相对较低时，可采用车行道纵向减速标线。

设置减速标线时，应注意标线的排水和防滑。车行道横向减速标线可用振动标线的形式。视需要，减速标线可与限速标志或其他警告标志相互配合使用。

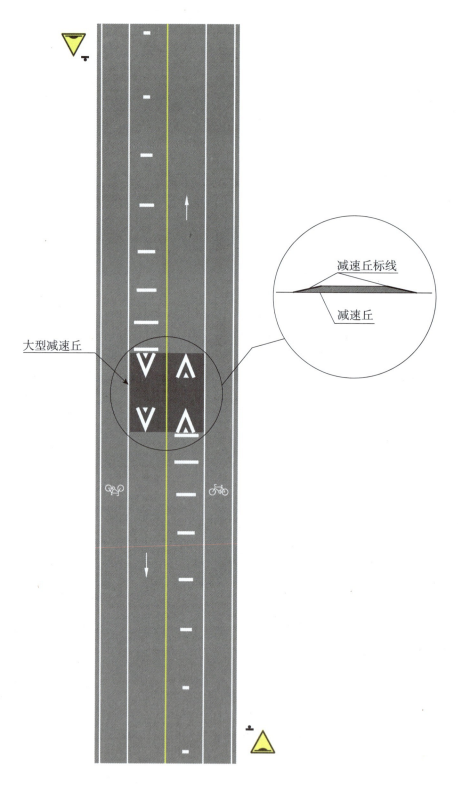

图 5.2-2　大型减速丘标线设置示意

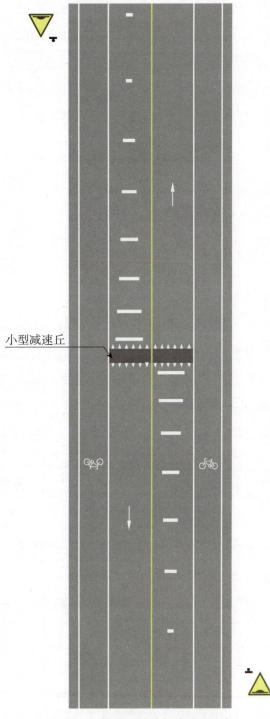

图 5.2-3 小型减速丘标线设置示意

5.2.5 立面标记和实体标记

（1）立面标记用以提醒驾驶人注意，在车行道或近旁有高出路面的构造物。可设在靠近公路净空范围的跨线桥、渡槽等的墩柱立面、隧道洞口侧墙端面及其他障碍物立面上，一般应涂至距路面 2.5m 以上的高度。标线为黄黑相间的倾斜线条，斜线倾角为

45°，线宽均为15cm。设置时应把向下倾斜的一边朝向车行道。

（2）实体标记用以给出公路净空范围内实体构造物的轮廓，提醒驾驶人注意。可设在靠近公路净空范围的上跨桥梁的桥墩、中央分隔墩、收费岛、实体安全岛或导流岛、灯座、标志基座及其他可能对行车安全构成威胁的立体实物表面上，一般应涂至距路面2.5m以上的高度。标线为黄黑相间的倾斜线条，线宽均为15cm，由实体中间以45°角向两边施画，向下倾斜的一边朝向车行道。

5.3 防护设施

5.3.1 一般规定

（1）一、二、三、四级公路上用的防护设施包括护栏、护栏端头、防撞垫、护栏过渡段和中央分隔带活动护栏等几种。各种防护设施的设计和设置应遵循有关标准规范的规定。

（2）应根据路段主要风险因素、路侧危险程度、交通事故情况、行车速度和交通流组成等因素确定是否需要设置防护设施，合理选择设施的防护等级和形式。

（3）防护设施形式宜与周边景观相协调，还要考虑当地的养护条件、环境和气候因素。如在北方积雪地区宜采用波形梁或缆索护栏，便于清除积雪。选用连续混凝土护栏的路段，还要考虑清扫、排水等的便利。

（4）护栏设计宜与路面大中修计划相匹配，考虑路面加铺、罩面等因素对护栏设置高度的影响。

（5）一、二、三、四级公路上应用的护栏标准段、护栏过渡段和中央分隔带开口护栏的防护等级按设计能量分为八级，如表5.3-1所示。

表5.3-1 护栏标准段、护栏过渡段和中央分隔带开口护栏的防护等级

防护等级	一	二	三	四	五	六	七	八
代码	C	B	A	SB	SA	SS	HB	HA
设计防护能量（kJ）	40	70	160	280	400	520	640	760

（6）一、二、三、四级公路上应用的护栏端头和防撞垫的防护等级按设计防护速度划分为三级，如表5.3-2所示。

表5.3-2 护栏端头和防撞垫的防护等级

防护等级	一	二	三
代码	TB	TA	TS
设计防护速度（km/h）	60	80	100

5.3.2 设置原则

(1)护栏设置原则

除应满足《公路交通安全设施设计规范》(JTG D81)的规定以外,结合具体的道路条件,还应兼顾或参考以下原则确定是否设置护栏以及所设置护栏的防护等级:

①在发生过车辆驶出路外交通事故的地方,宜进行公路线形、交通环境、气象环境等的综合分析,找到主要风险因素,采取针对性措施。需要设置防护设施时,可考虑设置防护等级高一些的路侧护栏。示例如图5.3-1所示,历史上发生了冲出路外的事故,处置时宜采用较高防护等级的护栏。

图 5.3-1 提高防护等级示例
a)处置前;b)处置后

②急弯或连续急弯,特别是连续下坡路段小半径曲线的外侧,宜设置路侧护栏,急弯或连续急弯的弯道内侧,路侧危险程度不高时,可不设置路侧护栏,宜适当修整边坡、边沟或改善视距。示例如图5.3-2所示,弯道外侧边坡陡峭,高差很大,考虑设置路侧护栏;示例如图5.3-3所示,弯道内侧修整边坡,改善视距,可不设置路侧护栏。

图 5.3-2 弯道外侧设置路侧护栏示例

a)　　　　　　　　　　　　　　　　b)

图 5.3-3　弯道内侧不设置路侧护栏示例

a）处置前；b）处置后

③在长直线尽头的小半径曲线外侧，尤其是路面抗滑性能不足的小半径曲线外侧，宜设置路侧护栏，示例如图 5.3-4 所示。

④陡坡路段平曲线外侧，尤其是长下坡直线路段尽头、急弯路段的外侧，宜设置路侧护栏，示例如图 5.3-5 所示。

图 5.3-4　长直线尽头小半径曲线外侧　　　图 5.3-5　直线下坡尽头接急弯路段外侧
　　　　　设置路侧护栏示例　　　　　　　　　　　　　设置路侧护栏示例

⑤曲线外侧距离路肩较近范围内有民居，宜设置护栏，示例如图 5.3-6 所示。

图 5.3-6　距路肩较近范围内有民居路段设置路侧护栏示例

⑥路侧有一定宽度的净区(≥3m),边坡坡度较缓(≤1:3),车辆驶出路外后可以自行驶回公路,或即使不能驶回公路,一般不会产生严重事故的,可以不设路侧护栏,示例如图5.3-7所示。

图5.3-7 有一定宽度路侧净区时不设置路侧护栏示例

⑦路侧净区宽度较小(介于1.5~3m之间),边坡坡度较陡(1:3~1:1之间),车辆驶出以后不能驶回公路,会产生事故,事故严重程度较轻,可以结合公路线形和运行速度设置B级或A级路侧护栏,三、四级公路还可设置C级护栏,示例如图5.3-8所示。

图5.3-8 三、四级公路可设置C或B级路侧护栏路段示例

⑧路侧净区宽度较小(≤1.5m),边坡坡度较陡(≥1:1),车辆驶出以后不能驶回公路,事故严重程度较重,可以结合公路线形和运行速度设置B级、A级或更高等级的路侧护栏。

示例如图5.3-9所示,路侧净区宽度小于1.5m,边坡陡峭,而且紧邻河流,车辆驶出会导致严重的交通事故,可以结合公路线形和运行速度设置B级、A级或更高等级的路侧护栏。a)图中平曲线外侧事故发生的概率比较高,因此在该处设置A级或更高等级的混凝土护栏;b)图路段位于平曲线内侧,且视距条件很好,事故概率相对较低,可设置B级或更高等级的波形梁护栏。

 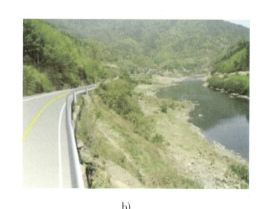

图 5.3-9 设置 B 级、A 级或更高等级路侧护栏示例
a) 设置 A 级或更高等级护栏示例；b) 设置 B 级或更高等级护栏示例

示例如图 5.3-10 所示，路侧是比较深的涵洞，而且还有上跨的铁路桥墩，宜设置 A 级或更高等级的混凝土护栏。

图 5.3-10 设置 A 级或更高等级路侧护栏示例

⑨公路上跨铁路，应在公路桥梁上设置钢筋混凝土护栏和防护网。护栏防护等级应在有关标准规范规定的基础上，提高一个等级或设置更高等级的护栏。公路与铁路平行，距离较近时，公路路侧护栏宜在标准规范规定等级的基础上提高一级或设置更高等级的护栏。公路上跨干线公路、高速公路，可以结合公路线形和运行速度设置 SB 级或 SA 级路侧护栏，必要时可以设置更高等级的护栏。

示例如图 5.3-11 所示，公路桥梁上跨铁路，为避免公路上车辆跌落在铁路上或者事故中护栏残体落在铁路上引发二次事故或导致铁路交通中断，宜设置 SB 级或更高等级的路侧护栏。

示例如图 5.3-12 所示，公路与铁路平行，相距较近，公路线形为长直线接弯道，车辆易在弯道处冲出路外，影响铁路运行。宜在曲线外侧设置 SB 级或更高等级路侧护栏。

图 5.3-11　公路上跨铁路桥梁路侧护栏设置示例

图 5.3-12　设置 SB 级或更高等级路侧护栏示例

⑩具干线功能的一级公路整体式断面中间带宽度小于等于表 5.3-3 规定的宽度时,应设置中央分隔带护栏;大于表 5.3-3 规定的宽度时,应分路段确定是否需要设置中央分隔带护栏。一级公路作为集散公路时,整体式断面中间带宽度小于等于表 5.3-3 规定的宽度时,宜设置中央分隔带护栏。

表 5.3-3　中央分隔带设置护栏的宽度

设计速度(km/h)	100	80	60
中间带宽度(m)	9	5	3

⑪一级公路中央分隔带护栏开口处的活动护栏可以结合公路线形和运行速度选用防护等级 B 级或 A 级;运营公路曾发生过车辆穿越中央分隔带开口护栏事故的路段,宜进行活动护栏改造,改用防护等级更高一级的活动护栏。

⑫相邻路段相同防护等级的护栏结构宜尽可能采用统一的结构形式,以减少过渡段的设计和使用。现有公路曾发生过车辆穿越护栏过渡段处事故的路段,宜进行过渡段改造,采用满足防护等级要求的过渡段结构。

(2)护栏端头设置原则

除应满足《公路交通安全设施设计规范》(JTG D81)的规定以外,对于双向行驶且无中央分隔带护栏的公路，在设计路侧护栏上下游端头时，均需考虑车辆碰撞时避免端头刺穿车体的安全性要求。宜综合考虑线形、运行速度、历史事故等因素进行端头结构改造，将端头外展隐藏或采用防撞消能端头。所采用消能端头的防护等级应根据具体路段的运行速度确定。

（3）防撞垫设置原则

除应满足《公路交通安全设施设计规范》（JTG D81）的规定以外，防撞垫设置还可考虑以下原则：

①运营公路的交通分流处或收费岛头、上跨桥桥墩处等障碍物前端曾发生过因缺少有效缓冲设施而导致严重事故的路段，宜设置经实车碰撞试验验证的防撞垫。所采用防撞垫的防护等级应根据具体路段的运行速度确定。

②一级公路中央分隔带护栏起始端部、交通分流处和上跨桥桥墩处宜设置防撞垫。长下坡路段坡底的收费岛头处宜设置防撞垫。

5.3.3 结构形式及选择应用

（1）结构形式

公路安全生命防护工程实施可采用《公路交通安全设施设计细则》（JTG/T D81）中规定的护栏结构，也可采用表5.3-4给出的护栏结构以及其他经过实车碰撞试验验证，达到《公路护栏安全性能评价标准》（JTG B05-01）规定的防护性能要求的护栏结构。

表5.3-4 护栏结构

设置位置	防护等级	结构类型	适用条件
路基段	C	两波形梁钢护栏：见附录图 D.1	路肩宽度>48cm
		混凝土护栏：见附录图 D.2	路肩宽度>45cm
	B	薄壁钢筋混凝土护栏：见附录图 D.3	路肩宽度>50cm
		片石混凝土护栏：见附录图 D.4	石材较多的山区公路，路肩宽度>60cm
		钢丝网石砌护栏：见附录图 D.5	石材较多的山区公路，路肩宽度>44cm
	A	三波形梁钢护栏：见附录图 D.6	路肩宽度>63cm
		示警墩加固成混凝土护栏：见附录图 D.7	曾发生两次及以上车辆碰撞示警墩、驶出路外事故的路段
		通透型混凝土护栏：见附录图 D.8	路肩宽度>50cm
		锚杆式混凝土护栏：见附录图 D.9	路侧挡土墙路段，挡土墙应为M7.5以上的水泥砂浆砌筑的毛石或片石砌体，墙体顶面宽度≥60cm

续上表

设置位置	防护等级	结构类型	适用条件
路基段	A	箱式填石护栏：见附录图 D.10	石材较多的山区公路，路肩宽度>90cm
		延展式基础护栏：见附录图 D.11	路肩宽度>50cm
		改进型钢筋混凝土护栏：见附录图 D.12	路肩宽度>80cm
		单坡面砌石护栏：见附录图 D.13	石材较多的山区公路，路肩宽度>60cm
桥梁段	B	梁柱式小型桥梁护栏：见附录图 D.14	三、四级公路中小桥路段，景观通透性要求较高的情况
		波形梁小型桥梁护栏：见附录图 D.15	三、四级公路中小桥路段，与之相连的为路基段波形梁护栏
	A	桥梁轻质防侧翻护栏：见附录图 D.16	三、四级公路中小桥路段，护栏基础位置桥梁翼缘板单位长度所能承受的弯矩大于 20.6kN·m

注：中央分隔带护栏形式可以参考此表建议。

一级公路中央分隔带护栏开口处设置的活动护栏除应满足开启方便的要求外，还应具备一定的防撞能力，防撞活动护栏产品示例如图 5.3-13 所示，工程实施时应采用经实车碰撞试验验证、防撞能力达到相应防护等级要求的结构。

图 5.3-13　防撞活动护栏示例

护栏过渡段设置于两种不同结构形式或不同防护等级的护栏之间，以实现结构和刚度的平稳过渡。桥梁混凝土护栏和路基波形梁护栏之间的过渡段结构设计见《公路交通安全设施设计细则》(JTG/T D81)，其他的过渡段结构还包括如图 5.3-14 所示的三波梁护栏和两波梁护栏之间的过渡段以及梁柱式桥梁护栏和路基波形梁护栏之间的过渡段等。

护栏端头设计应尽量采用斜外展并隐入山体或路堑后坡的方法(示例如图 5.3-15)，以减小车辆碰撞护栏端头及端头刺穿车辆的可能。如地形条件限制护栏端头无法隐藏时，可采用经实车碰撞试验验证的消能端头，示例如图 5.3-16 所示。

a) b)

图 5.3-14 护栏过渡段示例

a)三波梁护栏和两波梁护栏的过渡段；b)梁柱式桥梁护栏和路基波形梁护栏之间过渡段

图 5.3-15 护栏端头外展处置示例

防撞垫是设置于公路交通分流处或收费岛头、上跨桥桥墩处等障碍物前端的一种吸能结构，车辆碰撞时通过自体变形吸收碰撞能量，降低伤害程度。防撞垫按照是否具备侧碰时的导向功能分为可导向防撞垫和非导向防撞垫两类。防撞桶是典型的非导向防撞垫。图 5.3-17 所示为由三个防撞桶组成的非导向防撞垫。实车碰撞试验碰撞速度为 60km/h，对应的防护等级为 TB 级。实际应用中，可根据使用地点的情况，尽可能地多设几个防撞桶,并以钢带或其他形式联结成一体,作为非导向防撞垫使用,示意如图 5.3-18 所示。可导向防撞垫应用示例如图 5.3-19 所示。

图 5.3-16　消能端头示例

图 5.3-17　非导向防撞垫示例(三个防撞桶)

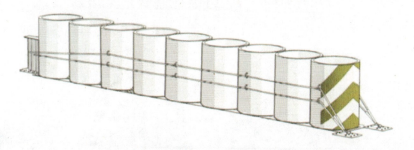

图 5.3-18　防撞桶设置示意

图 5.3-19　可导向防撞垫应用示例

(2)选择应用

选择防护设施形式时,宜综合考虑所在位置的公路条件、实车碰撞试验测得的防护设施变形指标、环境条件、不同防护设施的协调性等因素,选择安全、适用、经济的结构形式。除满足《公路交通安全设施设计规范》(JTG D81)的规定以外,还可参考以下原则:

①波形梁护栏刚柔相兼,吸收碰撞能量的能力较强,有较好的视线诱导功能,能与公路线形相协调,外形美观,损坏处容易更换,较混凝土护栏具有一定的通透性,视情况可用于美观性要求较高的一般路段和沙漠、积雪地区等。

②混凝土护栏防止车辆越出路(桥)外的效果好,而且混凝土护栏几乎不变形,维修费用很低。视情况可用于山区公路急弯路段外侧、路侧为深沟陡崖、车辆冲出将导致严重伤亡事故的路段。

③缆索护栏属柔性结构,车辆碰撞时缆索在弹性范围内工作,可以重复使用。缆索护栏立柱间距比较灵活,受不均匀沉陷的影响较小。积雪地区缆索护栏对扫雪的障碍少。但缆索护栏施工复杂,端部立柱损坏修理困难,不适合在小半径曲线路段使用。缆索护栏视线诱导性较差,架设长度短时经济性不好,视情况可在风景区公路等采用。

④山岭重丘区公路护栏的施工、材料运输、维修等困难时,可考虑就地取材,采用砌石护栏和混凝土护栏。

⑤在满足安全和使用功能的前提下,可因地制宜地采用新型安全防护设施(如图5.3-20 所示的新型钢背木护栏,适用于对环境景观要求较高的路段或林区),但其防护能力必须经过实车碰撞试验验证。

图 5.3-20　钢背木护栏示例

5.3.4　桥梁护栏改造

(1)一般规定

桥梁护栏的防护等级应满足《公路交通安全设施设计规范》(JTG D81)的规定,

若防护等级不满足该要求或曾发生过车辆碰撞桥梁护栏后的坠桥事故，应对原有桥梁护栏进行改造。桥梁主体结构改建时，应结合桥梁结构的形式设计建造新的桥梁护栏。

桥梁护栏改造时应充分考虑桥梁的上部结构形式，改造方案必须针对桥梁护栏新增加的恒载以及车辆碰撞荷载对桥梁主体结构进行验算，确保不会对桥梁结构的安全造成影响。桥梁护栏与桥梁主体结构之间的连接设计应充分考虑新桥梁护栏的结构形式、原桥梁护栏或栏杆的设置以及原桥梁上部结构，连接设计必须针对车辆碰撞荷载进行验算，以保证连接受力安全可靠。

（2）护栏形式选择

桥梁护栏的上部结构可以采用混凝土护栏、钢管护栏以及波形梁护栏，具体结构形式及设计要求参照《公路交通安全设施设计细则》（JTG/T D81）。新型桥梁护栏设计应进行实车碰撞试验验证防护等级。对于大桥以及可能的碰撞角度较大的桥梁护栏不推荐使用波形梁护栏。当新设混凝土护栏增加的恒载过大影响桥梁安全时，可选择波形梁护栏或梁柱式钢护栏。

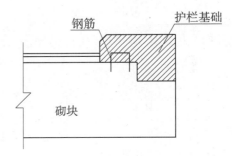

图 5.3-21　嵌入式护栏基础示意

（3）护栏与桥梁主体结构的连接设计

①圬工结构的拱桥，可采用嵌入式结构设置护栏的基础，有条件时，可以采用植入后固定钢筋的方法加强护栏基础与桥面系的连接，示意如图 5.3-21 所示。

②空心板桥的桥面系比较薄弱，护栏基础与桥梁结构之间可以采用较弱的浮置连接，但是护栏的基础应保证整体的连续性，并在桥头两侧设置坚固的锚固端，示意如图 5.3-22 所示。

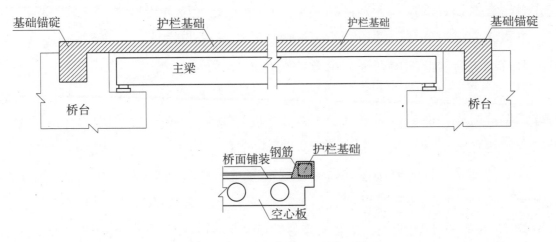

图 5.3-22　空心板桥护栏基础示意

③T形梁或箱形梁结构的桥梁，设计护栏基础与桥梁结构的连接时，应分析桥梁主体结构，优先考虑植入后固定钢筋的强连接方式；不具备条件时可参照空心板桥的弱连接方式，示意如图5.3-23所示。

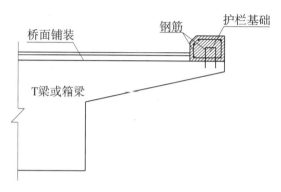

图5.3-23 桥梁护栏基础的后固定钢筋的强连接方式示意

④对于设置栏杆、未设人行道的桥梁，可将桥梁原有栏杆及安全带拆除，在原位置重新设置桥梁护栏，示意如图5.3-24所示。

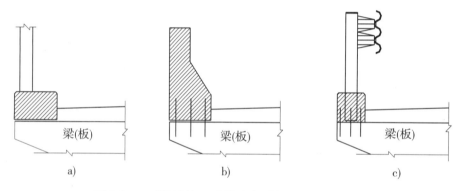

图5.3-24 设置栏杆、未设人行道桥梁护栏改造示意
a)原桥栏杆示意；b)新设混凝土护栏；c)新设波形梁钢护栏

⑤对于已经设置悬臂式人行道的桥梁，应对边梁(板)进行检测、计算，根据检测、计算结果可将人行道外移，并设置混凝土护栏或波形梁钢护栏，下设托梁或斜撑，必要时应对桥梁进行局部加固处理，示意如图5.3-25所示。

⑥对已经设置非悬臂式人行道的桥梁，可将原桥梁栏杆、人行道板拆除，通过植筋的方式将混凝土护栏或波形梁钢护栏与梁(板)连接在一起，并用混凝土找平。考虑行人安全，可在桥面用标线或栏杆将人行道和车行道分开。当桥面宽度富裕较大时，可不拆除人行道及栏杆，直接在其内侧设置混凝土护栏或波形梁钢护栏。图5.3-26所示为现有上跨公路桥梁为非悬臂式人行道且桥面宽度有限时的桥梁护栏处理方案示意。图5.3-27所示为现有上跨公路桥梁为非悬臂式人行道且桥面宽度富裕较大时的桥梁护栏处理方案示意。

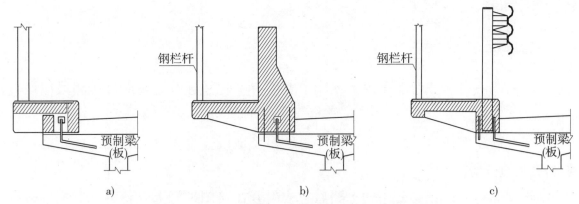

图 5.3-25 设置悬臂式人行道桥梁护栏改造示意

a)原桥栏杆示意;b)设置混凝土护栏;c)设置波形梁钢护栏

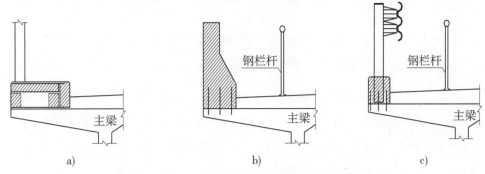

图 5.3-26 设置非悬臂式人行道且桥面宽度有限时护栏改造示意

a)原桥栏杆示意;b)设置混凝土护栏;c)设置波形梁钢护栏

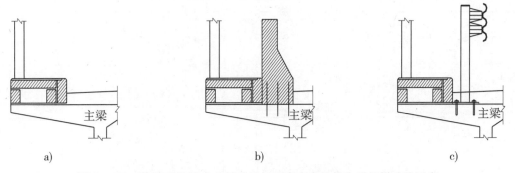

图 5.3-27 设置非悬臂式人行道且桥面宽度富裕较大时护栏改造示意

a)原桥栏杆示意;b)设置混凝土护栏;c)设置波形梁钢护栏

5.4 视线诱导及警示设施

5.4.1 一般规定

在视距不良、线形不良及其他公路风险较高的路段,宜针对主要风险因素,进行充分的诱导和警示。

5.4.2 轮廓标

（1）在视线不良、急弯、车道数或车道宽度有变化及连续急弯陡坡等路段应设置轮廓标。

（2）在气候条件恶劣、线形条件差和事故多发地段应设置反光性能高的轮廓标或采用尺寸较大的反射器。

（3）轮廓标一般设置在公路的土路肩上或附着在路侧护栏上。轮廓标形式可根据公路是否设置护栏以及所设护栏的形式，选用附着式或柱式轮廓标。隧道内双向行车的洞壁上附着的轮廓标应为双向反光型。二、三、四级公路，路侧轮廓标宜应用双向反光型。

（4）轮廓标在道路左、右侧对称设置。轮廓标反射器分白色和黄色两种。设中央分隔带的整体式一级公路或分离式一级公路，按行车方向，左侧设置黄色轮廓标，右侧设置白色轮廓标；二级及二级以下等级公路，按行车方向左右两侧的轮廓标均为白色。

（5）轮廓标在曲线段的设置间隔可按表5.4-1规定选用，也可适当加密。在曲线段及其前后直线路段的外侧，轮廓标的设置间隔可按图5.4-1所示选取。公路路基宽度、车道数量有变化的路段及竖曲线路段，可适当加大或减小轮廓标的间隔，但最大设置间距不得超过50m。

表5.4-1 曲线段轮廓标的设置间隔

曲线半径（m）	<30	30~89	90~179	180~274	275~374	375~999	1000~1999	2000及以上
设置间隔 S（m）	4	8	12	16	24	32	40	48

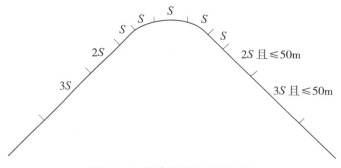

图5.4-1 轮廓标设置间隔示例

（6）轮廓标的标准设置高度为70cm，最小设置高度为60cm。设置于混凝土基础中的轮廓标，其设置高度（指反射器的中心高度）应与附着式轮廓标的高度大致相同。

（7）轮廓标反射器的安装角度，应尽可能与驾驶人视线方向垂直。

轮廓标设置示例如图 5.4-2 所示。

a)

b)

图 5.4-2　轮廓标设置示例

a)柱式轮廓标；b)附着式轮廓标

5.4.3　线形诱导标

在受山体、树木或房屋等阻挡，及其他使驾驶人难以明了前方线形走向，易发生交通事故的小半径弯道外侧，可视具体情况设置一定数量的线形诱导标。

（1）当公路设计速度大于或等于 80km/h 时，线形诱导标尺寸可选 600mm×800mm；当设计速度小于 80km/h 时，可选用 400mm×600mm；最小不得小于 220mm×400mm。

（2）线形诱导标的设置应根据曲线半径、曲线长度、偏角大小确定。偏角较小（≤7°）的曲线路段，可在曲线中点位置设一块诱导标，如图 5.4-3a)所示；偏角较大（＞7°）、曲线较长的弯道，可根据需要设置若干块诱导标，应保证驾驶人员在曲线范围内连续看到不少于三块诱导标，如图 5.4-3b)所示。

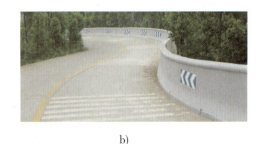

a)   b)

图 5.4-3 线形诱导标设置示例

a)偏角较小路段；b)偏角较大路段

设置示意如图 5.4-4 所示，对于行车方向右转曲线，用进入曲线前路面中心线延长线确定 A 点，对于行车方向左转曲线，在车行道右边缘线延长线上确定 A 点。然后参考表 5.4-2 根据不同的曲线半径选择不同的设置间距 S。在曲线上从 A 点逆行车方向 $2S$ 处，设置第一个线形诱导标；在曲线上从 A 点按间距 S 值顺行车方向依次设置，直至曲线终点。最后一块线形诱导标应位于曲线终点或越过曲线终点。

表 5.4-2 S 值选取表

曲线半径(m)	线形诱导标间距 S(m)	
	驶入弯道 85% 位车速	
	<80km/h	≥80km/h
<50	10	6
50~99	12	8
100~149	18	12
150~199	24	16
200~249	30	20
250~299	36	24
≥300	40	26

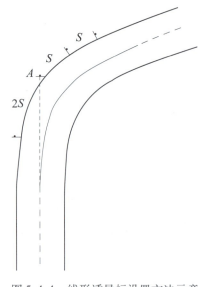

图 5.4-4 线形诱导标设置方法示意

（3）一般情况下，线形诱导标为蓝底白图案。设于中央隔离设施端部、渠化设施端部、桥头等的线形诱导标为红底白图案。

（4）线形诱导标板的下缘至路面的高度应为 120~200cm，版面应尽可能垂直于驾驶人视线。

5.4.4 道口标柱

道口标柱设在公路沿线较小平面交叉两侧，用来提醒主线车辆提高警觉，防范小支路车辆突然出现而造成意外。道口标柱一般沿主线方向，埋设在距路缘石外缘 20cm 处，没有路缘石的,应埋设在距土路肩内边缘20cm处,不应埋设在路基边坡上。道口标柱设置位置和数量示意如图5.4-5所示,设置示例如图5.4-6所示。

为避免道口标柱与路段示警桩混淆,在设置有道口标柱的小型支路口前一定距离内(一般为50m),主路不宜设置示警桩。

道口标柱一般结构图参见本指南附录E.1。

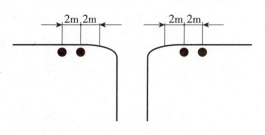

图5.4-5 道口标柱设置位置和数量示意

图5.4-6 道口标柱设置示例

5.4.5 示警桩和示警墩

(1)示警桩设置间距4~6m,高度120cm,埋置深度40cm,露出地面高度80cm。采用钢筋混凝土示警桩时,横截面尺寸通常为15cm×15cm,一般结构参见本指南附录E.2。采用PVC管灌注混凝土示警桩时,PVC管的管径通常为160mm,壁厚通常为3mm。可根据实际情况,采用其他新材料和新结构的示警桩。

(2)示警桩仅起警示诱导的作用,一般用于路侧危险程度不高的路段,不能将示警桩作为防护设施使用。示警桩设置示例如图5.4-7所示。

图5.4-7 示警桩设置示例

(3)示警墩不具有防撞能力,不能作为防护设施使用。公路上现有的断开式示警墩宜逐步改造为连续式水泥混凝土护栏,或改造为连续式示警墩。连续式示警墩由钢筋混凝土墙体与钢管组成,结构图如本指南附录E.3所示。

5.5 减速丘及减速路面

5.5.1 一般规定

减速丘及减速路面为物理性减速设施,用于限制机动车必须减速通过的路段。设置前宜充分论证,不但考虑对限制对象的作用,还应考虑对非限制对象的影响及其他可能的后果。不宜在主路和干线设置减速丘。

5.5.2 设置原则

在支路与干线公路的交叉口前,视实际情况可设置减速丘或减速路面,控制支路汇入干线公路的车速。在进村镇前的路段、学校前的路段、进入交叉口的路段,可视需要设置减速丘或减速路面,限制过往车辆车速。设置时宜全断面铺设,并应设置相应的减速丘或减速路面标志和标线。可以根据过城镇、村庄路段的限制车速,在减速丘或减速路面前设置相应的限速标志。

5.5.3 断面尺寸及纵向边缘处理

大型减速丘断面尺寸如图5.5-1所示。施工时应注意沿公路纵向的边缘处理,处理方式示意如图5.5-2所示。大型减速丘设置示例如图5.5-3所示。

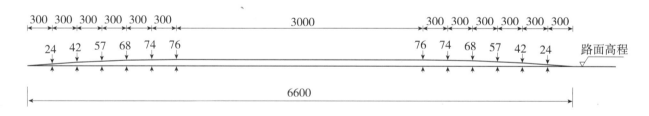

图5.5-1 大型减速丘断面尺寸图(尺寸单位:mm)

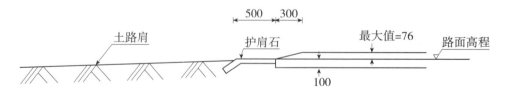

图5.5-2 大型减速丘纵向边缘处理示意(尺寸单位:mm)

小型减速丘有预制型和现浇型两种。为防止对路面损坏及对通过车辆冲击作用过于强烈,一般使用橡胶等柔性材料预制小型减速丘,也可采用铸铁及水泥材质。橡胶及铸铁预制减速丘一般宽 30～40cm,高 3～5cm,用沉孔膨胀螺钉固定在路面上,黑黄两色相间,表面有凹凸槽条纹。水泥预制型减速丘一般采用 C20 以上混凝土,高 2～4cm,宽 50cm 左右,截面一般采用弧形曲线平滑过渡。预制型小型减速丘示例如图 5.5-4 所示。

图 5.5-3 大型减速丘设置示例

图 5.5-4 预制型小型减速丘示例

现浇型小型减速丘一般采用 C20 以上混凝土现场浇制,横断面尺寸参见图 5.5-5。

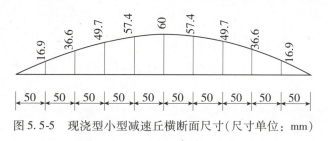

图 5.5-5 现浇型小型减速丘横断面尺寸(尺寸单位:mm)

也可将小型减速丘在车轮轨迹通过的位置断开一段距离,驾驶人会主动降低车速,将车轮对准开口通过减速带,既降低了车速,又避免了震动颠簸和噪声,能够达到较好的效果。单车道断开式减速丘布设尺寸参见图 5.5-6。

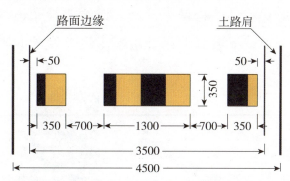

图 5.5-6 断开式小型减速丘尺寸(尺寸单位:mm)

可以将天然块石、预制水泥混凝土块等镶嵌于道路表面,形成减速路面。块石或其他镶嵌材料以高出路面 1～1.5cm 为宜。镶嵌材料应圆滑无尖角,防止割伤车辆轮胎,粒径一般取 3～5cm,也可视当地条件确定。减速路面设置示例如图 5.5-7 所示。

图 5.5-7 减速路面设置示例

5.6 避险车道

5.6.1 一般规定

（1）避险车道是用于失控车辆自救的安全设施，设置前应充分论证，应根据连续长大下坡路段货车失控事故情况、坡度、坡长、货车占交通量的百分比以及事故的严重程度等因素综合考虑是否需要设置避险车道。

（2）实际设置的避险车道应给出明确的使用条件，即可使用避险车道进行自救的失控车辆最大车重及车速组合。

5.6.2 避险车道类型

避险车道应首选上坡制动床型避险车道，示意及示例如图 5.6-1 所示。当因空间位置所限不能建造上坡制动床型避险车道时，可选择建造沙堆型避险车道，示意及示例如图 5.6-2 所示，但应保持沙子松散、干燥。设置避险车道的空间比较充足时，可采用平坡制动床型避险车道、下坡制动床型避险车道以及配有阻尼装置的网索式避险车道。

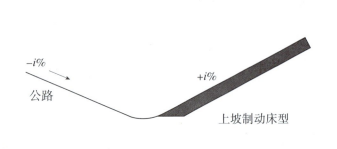

图 5.6-1 上坡制动床型避险车道示意及示例

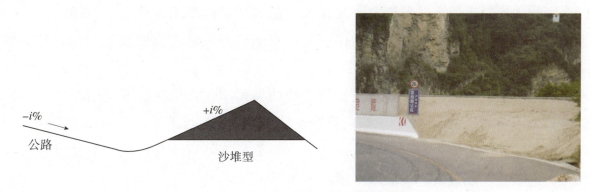

图 5.6-2 沙堆型避险车道示意及示例

5.6.3 设置参数

（1）应根据计算车辆失控点距坡顶的距离、通行货车交通量及运行速度等参数来确定避险车道的设置位置及间距，还应考虑设置地点的具体地形条件。一般设置在连续长大下坡路段的中、后段。陡坡接小半径曲线前设置避险车道时，宜设置在车辆驶入小半径曲线前沿缓和曲线切线方向，同时应考虑避险车道与主线的夹角不宜过大。

（2）一条完善的避险车道由避险车道引道、制动坡床、服务车道及配套交通设施组成，示意如图 5.6-3 所示。三、四级公路可视具体情况进行针对性设计。

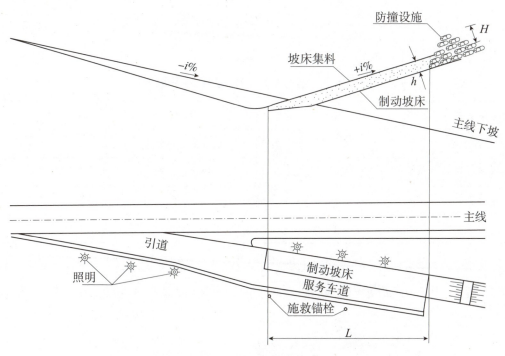

图 5.6-3 典型避险车道纵断面和平面示意

①避险车道引道连接着主线和避险车道，为主线和制动坡床之间提供一定的偏移量，避免制动坡床砂砾飞溅回主线，影响主线交通，并为驾驶人提供反应时间和空间，

操纵车辆驶入避险车道。在引道上,驾驶人应能看清避险车道的全貌,引道的终点应设置为方形。避险车道引道长度应能保证失控车辆驾驶人有充分的反应时间、足够的空间操纵车辆驶入避险车道。

②避险车道的平面线形应为直线,与主线的夹角即驶入角应尽可能小,以小于5°为宜,最大不宜超过10°。制动坡床的纵断面线形宜为直线,即采用单一坡度,在空间受限时亦可采用变坡度设计。制动坡床的坡度主要根据地形所能提供的制动坡床长度来确定,但坡度不能过大,一般以不超过20%为宜。

制动坡床的长度可通过下式估算:

$$L = \frac{v^2}{254(R+G)} \quad (5.6\text{-}1)$$

式中:L——避险车道制动坡床长度(m);

v——车辆驶入避险车道制动坡床时的速度(km/h);

R——滚动阻力系数;

G——坡度百分数的代数值。

在制动坡床内存在变坡设计时,可以计算得到上一个变坡点的最终速度(v_i),并用这个速度作为下一个坡度的初速,依此类推,即:

$$v^2 = v_i^2 - 254L(R+G) \quad (5.6\text{-}2)$$

不同材料的滚动阻力系数可参考表5.6-1。

表5.6-1 不同材料的滚动阻力系数 R

表面材料	R	表面材料	R
硅酸盐水泥混凝土	0.01	碾碎的松散集料	0.05
沥青混凝土	0.012	松散的砂砾	0.10
压实的砂砾	0.015	沙子	0.15
松散的砂质泥土	0.037	豆形砂砾	0.25

避险车道因地形条件限制,不能提供足够的制动坡床长度时,应在制动坡床末端设置防撞消能设施,可以设置集料堆或消能桶,集料堆结构示意如图5.6-4所示。

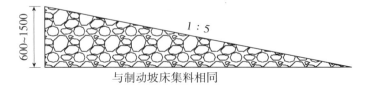

图5.6-4 集料堆结构示意(尺寸单位:mm)

一级公路失控车辆驶入避险车道的最小驶入速度宜取 130km/h。二、三、四级公路可以适当降低，也可把观测到的以往失控车辆的最大速度作为驶入速度。

避险车道的宽度应足够容纳一辆车，如果考虑在一个较短的时间内有两辆或更多的车辆使用避险车道的需求，避险车道最小宽度可以取 8m。在大型货车交通量不大的三、四级公路，避险车道制动坡床宽度可取为 4~6m。

避险车道制动坡床材料应选用干净的、不易被压实的，且有较高滚动阻力的材料。当使用集料时，应选用圆形的、未被压碎的、单一尺寸占支配地位的材料。细砾是最常使用的材料。清除细小尺寸的材料后，级配要求可参照表 5.6-2。

表 5.6-2 级 配 要 求

筛孔尺寸(mm)	2.36	4.75	12.5	25	37.5
通过率(%)	≤5	≤10	25~60	95~100	100

避险车道制动坡床集料的厚度宜为 1.1m，最小厚度不应小于 1m，应在 30~60m 长的距离内从制动坡床入口处的 7.5cm 逐渐过渡到完整厚度，示意如图 5.6-5 所示。

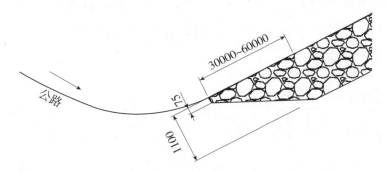

图 5.6-5 集料铺设厚度的过渡示意(尺寸单位：mm)

避险车道底基宜硬化。为避免制动坡床冻结和制动坡床集料的污染，避险车道宜设置排水系统。可以通过使制动坡床横断面成一坡度、阻止水源进入避险车道、设置横向排水管和纵向排水沟的方式实现排水。在底基和制动坡床材料之间铺设土工布或块石也可以阻止含水细小材料渗透。

③服务车道应紧靠制动坡床，以便拖车和维护车辆使用。服务车道的宽度应大于 3m，其表面应硬化，也可以用砾石铺砌。服务车道入口应设置隔离设施及禁止驶入的警告或禁令标志，以避免失控车辆的驾驶人误把服务车道作为避险车道使用。

④为拖出失控车辆，应设置施救锚栓用于固定拖车。施救锚栓通常沿着制动坡床以 50~100m 的间距设置，在制动坡床之前 30m 也应设置一个施救锚栓。

⑤如有条件，可提供照明，以便夜间的驾驶人可以更好地识别避险车道。如有条件，可布设一定的监控设备，以便失控车辆进入避险车道后及时得到救助，并加强对

失控车辆驶入避险车道的入口速度、车辆驶入轨迹等情况的监测。如有条件，可在避险车道引道入口处设置信号指示灯，提示已有车辆进入避险车道，避免后车驶入而产生二次事故。

5.6.4 避险车道交通安全设施

在坡顶宜提供连续长大下坡路段的坡度、坡长、平面线形和避险车道位置等的信息提示。在避险车道之前至少设置两块避险车道预告标志（前1km、前500m），在避险车道引道入口前应设置避险车道标志，引导失控车辆驶入避险车道。在引道入口前可设置"禁止停车"标志，并设置"失控车辆专用"标志。路段内设置多处避险车道的，在引道入口前应设置下一避险车道位置的预告标志。在避险车道引道路面施画"失控车辆专用"路面标记，提示只有失控车辆才能使用避险车道。有服务车道的应在标志上标明，以区分避险车道。

在避险车道制动坡床两侧可以设置较高防护等级的护栏，并在两侧设置轮廓标，轮廓标的反光器颜色应为红色，以区别于主线。轮廓标的间距以15m为宜。避险车道入口交通分流端部应设置碰撞消能设施，例如橡胶轮胎或防撞垫。避险车道内宜设置紧急救援报警电话告示牌。

5.6.5 避险车道的运行和养护

（1）加强宣传，使驾驶人了解避险车道的作用、怎样使用避险车道、使用避险车道将会发生什么、怎样从避险车道出来。可在坡顶设置制动检查站，确保制动合格的车辆才能下坡，并在下坡路段适当位置提供停车休息区与加水区，使驾驶人能够停车冷却制动器。在检查站、休息区和加水区提供下坡路段的坡度、坡长等信息，标明避险车道的数量和位置，并可向驾驶人推荐安全的下坡速度。

（2）在避险车道每次被使用、失控车辆被拖出避险车道制动坡床之后，宜尽快铺平制动坡床集料，定期清除车辆冲压产生的细小、尖锐碎集料。即使没有车辆驶入避险车道，也宜定期翻松集料，每次翻松至少60cm深。冬季注意防止制动坡床集料冻结，易产生积雪地区应及时清除积雪。

5.7 边沟及路肩

5.7.1 一般规定

根据当地降水情况，满足路侧排水需要的前提下，有条件实施时，可采用有利于路侧安全的边沟形式，硬化路肩。

5.7.2 边沟形式及断面尺寸

（1）开放式边沟

对于 V 字形边沟及边沟底宽小于 2.4m 的圆形边沟、底宽小于 1.2m 的梯形边沟，图 5.7-1a)中阴影部分的边沟断面尺寸对于驶出路侧的车辆是安全的；对于边沟底宽大于 2.4m 的圆形边沟、底宽大于 1.2m 的梯形边沟，图 5.7-1b)中阴影部分的边沟断面尺寸对于驶出路侧的车辆是安全的。其余断面尺寸的边沟应尽可能采取暗埋式边沟。

（2）暗埋式边沟

当路侧用地受限及其他原因，无法采用图 5.7-1 中推荐的开放式边沟尺寸时，可采用带盖板的边沟或掩埋在植被下的边沟形式，示例如图 5.7-2 所示。采用这类边沟时，应注意边沟顶面强度的合理设计以及边沟清理的便利性。

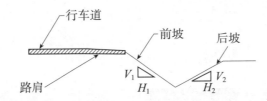

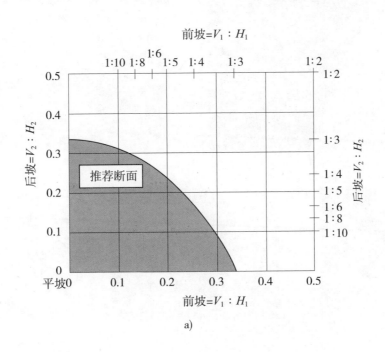

a)

图 5.7-1

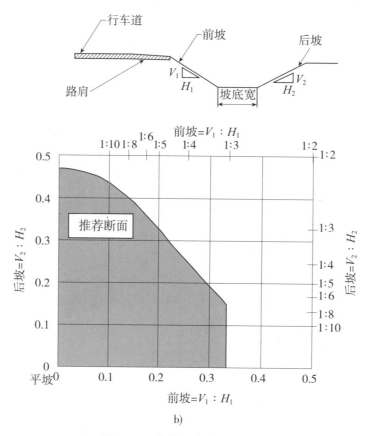

b)

图 5.7-1 推荐开放式边沟尺寸

a)

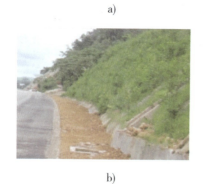

b)

图 5.7-2 暗埋式边沟示例

a)暗埋式边沟效果示例；b)暗埋式边沟施工过程示例

5.8 其他

5.8.1 一般规定

有条件时，可以通过设置停车区及观景台、设置错车道、设置分道体、进行路面防滑处理等措施，提高公路交通安全水平和服务水平。对于交通量不大、小型车为主要车型的三、四级路，也可以采用公路用凸面镜等措施，还可应用本指南未列出的其他安全设施，如黄闪灯、自发光标志等。

5.8.2 停车区及观景台

宜充分利用路侧可利用土地、沿线公路管理站点、共建单位服务站点等现有条件，修建停车区，配置基本的服务设施服务公路使用者。在路侧风景优美的地方可结合停车区设置观景台。

设置停车区和观景台时，宜进行充分的安全论证，宜设置在视距、线形良好的路段，在急弯陡坡视距不良路段、长大下坡底端等风险较高的路段，不宜设置停车区和观景台。设置停车区和观景台的路段，宜进行提前预告，一般宜设置两级信息提示。停车区和观景台的驶入、驶出车道宜线形流畅，视距良好，减少对正常交通流的干扰。

5.8.3 错车道

四级公路采用4.5m宽度单车道路基时，或者路基宽度采用6.5m且常有重载车辆通行的路段，宜设置错车道。错车道的设置位置宜因地制宜，并使驾驶人能看到双方向驶来的车辆。设置错车道路段的路基宽度应不小于6.5m，错车道有效长度应不小于20m。为了便于错车车辆的驶入，在错车道的两端应设不小于10m的过渡段。错车道的设置间距不大于300m，应结合地形、视距及交通量等情况，在适当距离内设置两相邻错车道，示例如图5.8-1所示。

5.8.4 分道体

分道体可设置在车辆越过中心线行驶、对撞事故频发路段的路面中心线上。设置间隔一般为10m或15m，示例如图5.8-2所示。

分道体有多种形式，如柱式、片式等，一般高度不大于60cm，宽度不大于15cm。分道体材料应有弹性，可倒伏，其上应附反光片或反光膜，柱式结构表面应贴反光膜，片式结构应两面附反光片，反光材料颜色为黄色。其色度、光度性能应符合《轮廓标》（GB/T 24970）的要求。

图 5.8-1　错车道设置示例

图 5.8-2　分道体设置示例

5.8.5　公路用凸面镜

公路用凸面镜一般设置于小半径弯道外侧及有效视距不足的弯道处，易发生由于不能及时发现对向车辆而造成正面碰撞或因避让不及而发生车辆冲出路外事故路段，一般配合视线诱导标一起使用。

根据设计速度及弯道半径，公路用凸面镜直径宜选用600mm、800mm及1000mm，设置示例如图5.8-3所示。

图 5.8-3　公路用凸面镜设置示例

5.8.6 路面防滑处理

路面防滑处理适用于路面摩擦系数不足且平曲线半径较小,路面不能提供足够的横向摩阻力的路段。可采用的措施包括薄层铺装、路面打磨粗糙、增加构造深度等,示例如图5.8-4所示。

图 5.8-4 路面防滑处理示例
a)薄层铺装,增加抗滑;b)路面打磨粗糙;c)增加构造深度

6 工程验收与评估

6.1 验收

公路安全生命防护工程所使用的设施产品应符合相关质量控制要求。安全设施工程验收时，具体的检测项目及技术指标参见《公路工程质量检验评定标准》(JTG F80/1)、有关工程质量管理文件、检验标准或根据设计文件和其他相关规范的要求。

常用安全设施的验收要求可参见本指南附录F。

6.2 工程效果评估

6.2.1 评估目的

工程效果评估是针对公路安全生命防护工程实施后总体安全效果和措施的有效性进行评价，评估投资效率和项目目标实现情况，总结实施经验和教训，为公路安全生命防护工程的不断完善提供支持。

6.2.2 评估内容和要求

工程效果评估包括项目常规评估和安全设施有效性等技术评估。

项目常规评估一般在项目实施完成后2年内开展；安全设施有效性等技术评估可在安全设施施工完成后1年内开展。

6.2.3 评估方法

公路安全生命防护工程效果评估可综合采用实施前后对比法、投入产出分析法、满意度调查法等多种方法。根据评估需要，在项目或工程实施前、实施中及实施后的各个阶段进行良好的数据和资料采集，是实施评估的关键。根据评估方法和评估对象的不同，可参考采集以下数据和资料，也可根据评估需要另行确定。

（1）项目或工程实施前公路和路段的基本情况，包括技术参数、交通情况、环境情况、交通事故情况、开放式协商和沟通中对公路情况的评价及实施建议等。除文字记录外，有条件的宜对实施前的情况进行拍照或录像记录。

（2）公路安全生命防护工程实施情况资料，包括有关设计论证材料、实施工程数量、具体实施地点、实施时间以及措施内容、单价、数量等。除文字记录外，有条件的宜对重点实施过程进行拍照或录像记录。

（3）公路安全生命防护工程实施后的公路和路段情况，有关数据和记录宜与实施前的逐一对应。

（4）公路安全生命防护工程社会效果分析，包括有关新闻报道材料、社会反响材料等的收集，有条件的还可进行专门的公众满意度调查分析。

（5）其他技术数据，如行车轨迹指标、冲突指标、驾驶人心生理指标等的采集分析。

6.2.4 评估报告主要内容

评估报告的主要内容包括：公路安全生命防护工程实施的总体情况、数据收集和分析情况、总体评价、投入产出分析、重点设施有效性分析、完善建议等。

附录 A 公路风险评估方法

A.1 评估步骤

公路风险评估可参照以下工作步骤进行。

(1) 基础数据采集

需要采集的基础数据包括：公路沿线视频（以公路中心线为中心，辐射公路两侧170°范围）、对应的里程桩号信息、GPS信息（应同步标注与公路里程桩号的匹配关系）、交通量信息和运行速度信息等。

一级公路按两个行车方向分别进行数据采集和风险值计算；二、三、四级公路按整幅进行数据采集和风险值计算。

(2) 数据标准化处理

按照附录 A.2 给出的分类和取值方法，将公路指标及对应属性予以分类和量化，按 100m 为一个单元进行数据标准化处理。

(3) 评估计算

利用标准化处理后的信息数据，将 100m 路段范围内存在的属性风险系数按照图 A.1-1 所示的计算方法进行计算，即可求得路段的公路风险 HR。在图 A.1-1 中，3 条虚线将影响模型分为了 4 个区域。第 4 区域各公路属性所对应的风险系数相乘，即可得到对应第 3 区域的事故可能性或严重性指数；第 3 区域内的事故可能性指数、严重性指数、运行速度以及交通量对应的系数相乘，即可得到第 2 区域的各事故形态风险指标；第 2 区域中各事故形态风险指标相加，即可得到最终的路段公路风险指标。各项指标属性和风险系数取值及计算示例见附录 A.2、A.3。

附录 A 公路风险评估方法

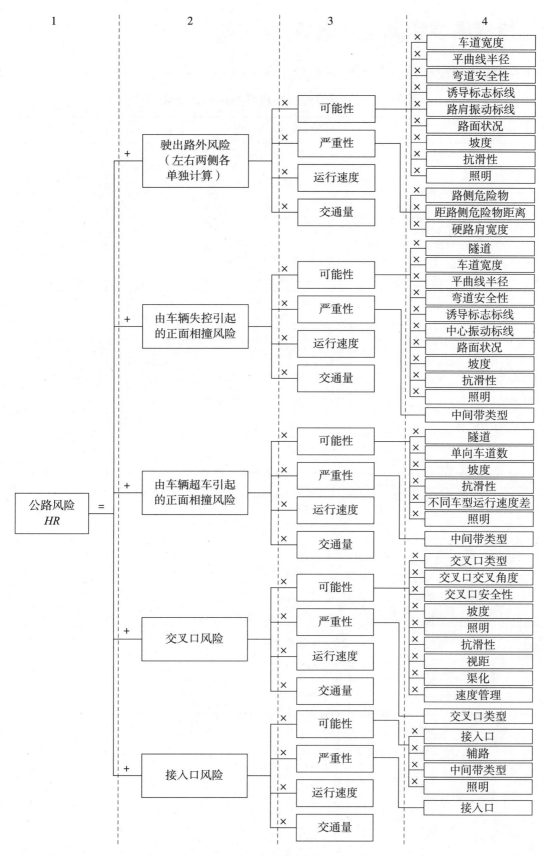

图 A.1-1 公路风险影响模型计算方法

A.2 指标属性和风险系数取值

风险评估各项指标属性及风险系数取值见表 A.2-1～表 A.2-3。

表 A.2-1　公路风险指标属性和风险系数取值表

公 路 指 标	公 路 属 性	风 险 系 数
不同车型运行速度差	<20km/h	1
	≥20km/h	1.2
隧道	无	1
	有	1.2
中间带类型（计算由车辆失控引起的正面相撞风险指标"严重性"用）	波形梁钢护栏	0
	混凝土护栏	0
	实体中央分隔带宽度≥20m	2
	实体中央分隔带宽度10.0(含)～20.0m	10
	实体中央分隔带宽度5.0(含)～10.0m	35
	实体中央分隔带宽度1.0(含)～5.0m	80
	实体中央分隔带宽度<1.0m	90
	临时示警桩	90
	中央渠化线（>1m）	83
	中心线	100
	单行道	0
	较宽的中心线[0.3(含)～1m]	95
	缆索护栏	0
中间带类型（计算由车辆超车引起的正面相撞风险指标"严重性"用）	波形梁钢护栏	0
	混凝土护栏	0
	实体中央分隔带宽度≥20m	0
	实体中央分隔带宽度10.0(含)～20.0m	0
	实体中央分隔带宽度5.0(含)～10.0m	0
	实体中央分隔带宽度1.0(含)～5.0m	0
	实体中央分隔带宽度<1.0m	0
	示警桩	0
	中央渠化线（>1m）	82.5
	中心标线	100
	单行道	0
	较宽的中心线[0.3(含)～1m]	100
	缆索护栏	0

续上表

公路指标	公路属性	风险系数
中间带类型（计算接入口风险指标"可能性"用）	波形梁钢护栏	0.7
	混凝土护栏	0.7
	实体中央分隔带宽度≥20m	0.7
	实体中央分隔带宽度10.0（含）~20.0m	0.7
	实体中央分隔带宽度5.0（含）~10.0m	0.7
	实体中央分隔带宽度1.0（含）~5.0m	0.7
	实体中央分隔带宽度<1.0m	0.7
	示警桩或分道体	1
	中央渠化线（>1m）	1
	中心标线	1
	单行道	0.7
	较宽的中线[0.3（含）~1m]	1
	缆索护栏	0.7
中心振动标线	有	1
	无	1.2
左侧路侧危险物距车道边缘线距离	0（含）~1m	1
	1（含）~5m	0.8
	5（含）~10m	0.35
	≥10m	0.1
左侧危险物	波形梁钢护栏	12
	混凝土护栏	15
	对摩托车有防护效果的安全设施	12
	缆索护栏	9
	垂直的山体	55
	上边坡[15°（含）~75°]	45
	上边坡（≥75°）	40
	深排水渠	55
	下边坡（>15°）	45
	邻水邻崖	90
	直径大于10cm的树	60
	直径大于10cm的标志牌、桩或杆	60

续上表

公 路 指 标	公 路 属 性	风 险 系 数
左侧危险物	坚硬的结构物、桥梁或建筑物	60
	易碎的结构物或建筑物	30
	无防护的护栏端头	60
	大石(高≥20cm)	60
	无危险物	35
右侧路侧危险物距车道边缘线距离	0(含)~1m	1
	1(含)~5m	0.8
	5(含)~10m	0.35
	≥10m	0.1
右侧危险物	波形梁钢护栏	12
	混凝土护栏	15
	缆索护栏	9
	垂直的山体	55
	上边坡[15°(含)~75°]	45
	上边坡(≥75°)	40
	深排水渠	55
	下边坡（>15°）	45
	邻水邻崖	90
	直径大于10cm的树	60
	直径大于10cm的标志牌、桩或杆	60
	坚硬的结构物、桥梁或建筑物	60
	易碎的结构物或建筑物	30
	无防护的护栏端头	60
	大石(高≥20cm)	60
	无危险物	35
路肩振动标线或振动带	无	1.25
	有	1
左侧硬路肩宽度	宽(≥2.4m)	0.77
	中等[1.0(含)~2.4m]	0.83
	窄[0(含)~1.0m]	0.95
	无	1

附录 A 公路风险评估方法

续上表

公 路 指 标	公 路 属 性	风 险 系 数
右侧硬路肩宽度	宽(≥2.4m)	0.77
	中等[1.0(含)~2.4m]	0.83
	窄[0(含)~1.0m]	0.95
	无	1
交叉口类型(计算交叉口风险指标"可能性"用)	合流匝道	6
	环岛	15
	3支交叉：无信号灯、有转弯车道	13
	3支交叉：无信号灯、无转弯车道	16
	3支交叉：有信号灯、有转弯车道	9
	3支交叉：有信号灯、无转弯车道	12
	4支交叉：无信号灯、有转弯车道	16
	4支交叉：无信号灯、无转弯车道	23
	4支交叉：有信号灯、有转弯车道	10
	4支交叉：有信号灯、无转弯车道	15
	无交叉口	0
	铁道交叉：被动式，仅有标志	1
	铁道交叉：主动式，闪烁警示灯和闸门	0.5
	中分带开口：非正式	0.5
	中分带开口：正式	0.3
	小型环岛	16
交叉口类型(计算交叉口风险指标"严重性"用)	合流匝道	15
	环岛	15
	3支交叉：无信号灯、有转弯车道	45
	3支交叉：无信号灯、无转弯车道	45
	3支交叉：有信号灯、有转弯车道	45
	3支交叉：有信号灯、无转弯车道	45
	4支交叉：无信号灯、有转弯车道	50
	4支交叉：无信号灯、无转弯车道	50
	4支交叉：有信号灯、有转弯车道	50
	4支交叉：有信号灯、无转弯车道	50
	无路口	0

续上表

公 路 指 标	公 路 属 性	风 险 系 数
交叉口类型（计算交叉口风险指标"严重性"用）	铁道交叉：被动式，仅有标志	150
	铁道交叉：主动式，闪烁警示灯和闸门	150
	中分带开口：非正式	45
	中分带开口：正式	45
	小型环岛	35
交叉口渠化	无	1.2
	有	1
	无交叉口	0
交叉口流量	≥15000 辆	1
	10000（含）~15000 辆	0.5
	5000（含）~10000 辆	0.25
	1000（含）~5000 辆	0.125
	100（含）~1000 辆	0.063
	1（含）~100 辆	0.005
	无交叉口	0
交叉口安全性	标志和标线设置合理、充分，视距充分	1
	缺乏	1.2
	无交叉口	0
交叉口交叉角度	90°	1
	60°~90°	1.2
	30°~60°	1.5
	无交叉口	0
接入口（计算接入口风险指标"可能性"用）	商业性接入：≥1 个	2
	居住性接入：≥3 个	1.3
	居住性接入：1 个或 2 个	1.1
	无接入口	0
接入口（计算接入口风险指标"严重性"用）	商业性接入：≥1 个	50
	居住性接入：≥3 个	50
	居住性接入：1 个或 2 个	50
	无接入口	0

续上表

公 路 指 标	公 路 属 性	风 险 系 数
单向车道数	1 车道	1
	2 车道	0.02
	3 车道	0.01
	4 车道及以上	0.01
车道宽度	宽(≥3.25m)	1
	中等[2.75(含)~3.25m]	1.2(非穿村路段) 1.05(穿村路段)
	窄[0(含)~2.75m]	1.5(非穿村路段) 1.1(穿村路段)
平曲线半径	≥1500m	1
	700(含)~1500m	1.2
	400(含)~700m	1.8
	200(含)~400m	3.5
	100(含)~200m	6
	0(含)~100m	9
弯道安全性	弯道标志和标线等指示和诱导设施充分	1
	弯道处无专门标志和标线等指示和诱导设施或不足或破损	1.25
	未应用(非弯道段)	1
坡度	0%(含)~2.5%	1
	2.5%(含)~4%	1.05
	4%(含)~7%	1.1
	7%(含)~10%	1.2
	≥10%	1.7
路面状况	好	1
	局部破坏,偶尔影响行车	1.2
	破坏严重,连续性影响行车	1.4
抗滑性	硬化路面:抗滑性好	1
	硬化路面:抗滑性中,光滑/反光路面少于20%	1.4
	硬化路面:抗滑性差,超过20%路段光滑/反光	2
	未硬化路面:抗滑性好,不会出现雨天路面泥泞等降低抗滑性情况	3
	未硬化路面:抗滑性差,如雨天光滑的泥路	5.5

续上表

公 路 指 标	公 路 属 性	风 险 系 数
诱导标志标线	标志和标线设置合理、充分	1
	只有标线或只有标志	1.1
	差（无或破损严重）	1.2
照明	无	1
	有	0.73
减速标线、减速丘等速度管理措施	无	1.25
	有	1
辅路	无	1.5
	有	1
视距	好	1
	差，通常小于100m	1.42

表 A.2-2 运行速度风险系数取值表

计算"驶出路外风险"用		
运行速度（km/h）	路侧险要路段	其他路段
≤30	0.2	0.008
35	0.233	0.013
40	0.267	0.019
45	0.3	0.027
50	0.333	0.037
55	0.367	0.049
60	0.4	0.064
65	0.433	0.081
70	0.467	0.102
75	0.5	0.125
80	0.533	0.152
85	0.567	0.182
90	0.6	0.216
95	0.633	0.254

续上表

计算"驶出路外风险"用		
运行速度(km/h)	路侧险要路段	其他路段
100	0.667	0.296
105	0.7	0.343
110	0.733	0.394
115	0.767	0.451
120	0.8	0.512

计算"由车辆失控引起的正面相撞风险"用		
运行速度(km/h)	设中央分隔带的穿村路段	其他路段
≤30	0	0.008
35	0	0.013
40	0	0.019
45	0	0.027
50	0.012	0.037
55	0.016	0.049
60	0.021	0.064
65	0.027	0.081
70	0.068	0.102
75	0.083	0.125
80	0.101	0.152
85	0.121	0.182
90	0.216	0.216
95	0.254	0.254
100	0.296	0.296
105	0.343	0.343
110	0.394	0.394
115	0.451	0.451
120	0.512	0.512

续上表

计算"由车辆超车引起的正面相撞风险"和"接入口风险"用	
运行速度(km/h)	全路段
≤30	0.008
35	0.013
40	0.019
45	0.027
50	0.037
55	0.049
60	0.064
65	0.081
70	0.102
75	0.125
80	0.152
85	0.182
90	0.216
95	0.254
100	0.296
105	0.343
110	0.394
115	0.451
120	0.512

计算"交叉口风险"用		
运行速度(km/h)	公路与铁路平面相交路段	其他路段
≤30	0.2	0.008
35	0.233	0.013
40	0.267	0.019
45	0.3	0.027
50	0.333	0.037

续上表

计算"交叉口风险"用		
运行速度(km/h)	公路与铁路平面相交路段	其他路段
55	0.367	0.049
60	0.4	0.064
65	0.433	0.081
70	0.467	0.102
75	0.5	0.125
80	0.533	0.152
85	0.567	0.182
90	0.6	0.216
95	0.633	0.254
100	0.667	0.296
105	0.7	0.343
110	0.733	0.394
115	0.767	0.451
120	0.8	0.512

表 A.2-3 交通量风险系数取值表

计算"驶出路外风险"用				
每条车道 AADT	无中央分隔带 1 车道	无中央分隔带 2 车道	无中央分隔带 3 车道	无中央分隔带 4 车道及以上
0~2000(含)	0.474	0.451	0.431	0.413
2000~4000(含)	0.448	0.408	0.377	0.355
4000~6000(含)	0.422	0.37	0.336	0.313
6000~8000(含)	0.397	0.339	0.306	0.284
8000~10000(含)	0.372	0.312	0.285	0.262
10000~12000(含)	0.347	0.29	0.27	0.25
12000~14000(含)	0.322	0.273	0.26	0.25
14000~16000(含)	0.298	0.261	0.255	0.25

续上表

	计算"驶出路外风险"用			
每条车道AADT	无中央分隔带 1车道	无中央分隔带 2车道	无中央分隔带 3车道	无中央分隔带 4车道及以上
16000~18000（含）	0.274	0.253	0.252	0.25
>18000	0.25	0.25	0.25	0.25
每条车道AADT	有中央分隔带			
>0	0.5			
	计算"由车辆失控引起的正面相撞风险"用			
每条车道AADT	无中央分隔带 1车道	无中央分隔带 2车道	无中央分隔带 3车道	无中央分隔带 4车道及以上
0~2000（含）	0.052	0.099	0.139	0.173
2000~4000（含）	0.104	0.185	0.246	0.291
4000~6000（含）	0.155	0.259	0.327	0.373
6000~8000（含）	0.206	0.323	0.388	0.433
8000~10000（含）	0.256	0.376	0.431	0.475
10000~12000（含）	0.306	0.419	0.461	0.5
12000~14000（含）	0.355	0.453	0.48	0.5
14000~16000（含）	0.404	0.478	0.491	0.5
16000~18000（含）	0.452	0.493	0.497	0.5
>18000	0.5	0.5	0.5	0.5
每条车道AADT	有中央分隔带 1车道	有中央分隔带 2车道	有中央分隔带 3车道	有中央分隔带 4车道及以上
0~2000（含）	0.052	0.099	0.139	0.173
2000~4000（含）	0.104	0.185	0.246	0.291
4000~6000（含）	0.155	0.259	0.327	0.373
6000~8000（含）	0.206	0.323	0.388	0.433
8000~10000（含）	0.256	0.376	0.431	0.475
10000~12000（含）	0.306	0.419	0.461	0.5

续上表

每条车道 AADT	有中央分隔带 1 车道	有中央分隔带 2 车道	有中央分隔带 3 车道	有中央分隔带 4 车道及以上
12000～14000（含）	0.355	0.453	0.48	0.5
14000～16000（含）	0.404	0.478	0.491	0.5
16000～18000（含）	0.452	0.493	0.497	0.5
>18000	0.5	0.5	0.5	0.5

计算"由车辆超车引起的正面相撞风险"用

每条车道 AADT	无中央分隔带 1 车道	无中央分隔带 2 车道	无中央分隔带 3 车道	无中央分隔带 4 车道及以上
0～2000（含）	0.01	0.01	0.01	0.01
2000～4000（含）	0.02	0.02	0.02	0.02
4000～6000（含）	0.03	0.03	0.03	0.03
6000～8000（含）	0.042	0.042	0.042	0.042
8000～10000（含）	0.06	0.06	0.06	0.06
10000～12000（含）	0.086	0.086	0.086	0.086
12000～14000（含）	0.116	0.116	0.116	0.116
14000～16000（含）	0.148	0.148	0.148	0.148
16000～18000（含）	0.18	0.18	0.18	0.18
>18000	0.2	0.2	0.2	0.2

每条车道 AADT	有中央分隔带
>0	0

计算"交叉口风险"用

交叉口 AADT	全路段
0	0
1（含）～100	0.005
100（含）～1000	0.063
1000（含）～5000	0.125
5000（含）～10000	0.25

续上表

计算"交叉口风险"用	
交叉口 AADT	全路段
10000（含）~15000	0.5
≥15000	1

计算"接入口风险"用	
接入口个数	全路段
0	0
居住性接入1或2	0.01
居住性接入≥3	0.02
商业性接入≥1	0.03

A.3 计算示例

某二级公路路段，设计速度为80km/h，双向两车道，路基宽度为12m，设有1.5m宽的硬路肩。针对该路段进行公路风险评估的步骤如下。

（1）基础数据采集。采集沿线公路视频（以公路中心线为中心，辐射公路两侧170°范围）、里程桩号信息及GPS信息。经调查，该路段交通量为6256辆/d。该路段的运行速度为78.52km/h。路段场景示例如图A.3-1所示。

图 A.3-1 示例路段

（2）数据标准化处理。通过查询附录表A.2-1~表A.2-3，对公路指标、运行速度指标及交通量指标进行风险数据标准化处理。

（3）风险评估。将经过标准化处理的数据，代入图A.1-1所示的公路风险影响模型，求得该示例路段的公路风险指标 HR 为12.37；根据公路风险指标分级标准，该路段的公路风险等级为Ⅲ级。计算过程见图A.3-2。

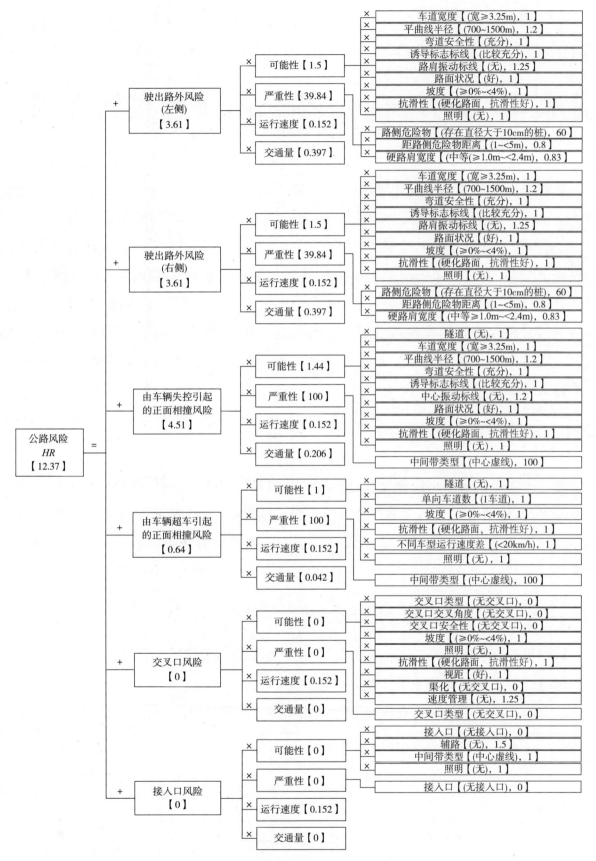

图 A.3-2 示例路段公路风险计算过程

附录 B 现有一、二级公路排查实施案例

某省一段国道 A 全长 110.2km，为二级公路，近 3 年共发生有人员伤亡的事故 35 起。该省一段国道 B 全长 79km，为一级公路，近 18 个月共发生有人员伤亡的事故 30 起。该省一段省道 C 全长 68.6km，为二级公路，近 27 个月共发生有人员伤亡的事故 79 起。对这 3 条公路进行风险评估，包括交通事故风险评估和公路风险评估两部分。首先收集公路近 3 年内发生的交通事故资料，获得交通事故风险评估结果；然后通过公路风险影响模型综合评价公路交通运行的风险程度，获得公路风险评估结果；联合分析这两个结果，根据表 3.1-4 对路段进行分类，确定公路安全生命防护工程实施次序。

B.1 交通事故风险评估

将以上 3 条公路按单位公里划分单元，按照式(3.1-1)分别计算每个单元的交通事故风险 CR，根据表 3.1-1"交通事故风险分级标准"判断每个单元的交通事故风险等级。例如，国道 A 的 K1221～K1222 单元段 3 年内发生事故的伤亡人数为 2 人，交通事故风险 CR 为：

$$CR = \frac{N}{L \times N} = \frac{2}{1 \times 3} = 0.67$$

该结果位于 $CR_{70} < CR \leqslant CR_{90}$ 的区间，故交通事故风险等级为Ⅳ级。

部分计算结果示例如表 B.1 所示。

表 B.1 交通事故风险评估结果示例

公路名称	起点桩号	终点桩号	交通事故风险 CR	交通事故风险等级
国道 A	1220	1221	0	Ⅰ
国道 A	1221	1222	0.67	Ⅳ
国道 A	1222	1223	1.33	Ⅳ
…	…	…	…	…

B.2 公路风险评估

将以上3条公路按100m间距划分单元,按照附录A的要求,详细记录每个单元的公路指标,应用风险影响模型获得每个单元的公路风险评估结果。部分计算结果示例如表B.2所示。

表 B.2 公路风险评估结果示例

公路名称	起点桩号	终点桩号	公路风险等级
国道 A	1220.0	1220.1	Ⅱ
国道 A	1220.1	1220.2	Ⅱ
国道 A	1220.2	1220.3	Ⅱ
…	…	…	…
国道 A	1220.9	1221.0	Ⅱ
国道 A	1221.1	1221.2	Ⅳ
国道 A	1221.2	1221.3	Ⅳ
…	…	…	…
国道 A	1221.9	1222.0	Ⅳ
国道 A	1222.1	1222.2	Ⅲ
国道 A	1222.2	1222.3	Ⅲ
…	…	…	…
国道 A	1222.9	1223.0	Ⅲ
…	…	…	…

B.3 路段分类

联合表B.1和表B.2的计算结果,根据表3.1-4对路段类型进行判别。表B.1按1km长度划分单元段,交通事故风险评估结果可代表这1km范围内每个100m单元的结果,与表B.2按100m间距划分的单元对应。

当路段的交通事故风险和公路风险同为Ⅳ级或Ⅴ级时,根据表3.1-4判断为A类路段,优先次序最高;当路段的公路风险为Ⅳ级或Ⅴ级,而交通事故风险为Ⅰ~Ⅲ级时,为B类路段,优先次序其次;当路段的公路风险为Ⅰ~Ⅲ级,而交通交通事故风险为Ⅳ级或Ⅴ级时,为C类路段,优先次序降低;当路段的交通事故风险和公路风险同为Ⅰ~Ⅲ级时,为D类路段,优先次序最低。

部分分类结果示例如表B.3所示。

表 B.3 路段分类结果示例

公路名称	起点桩号	终点桩号	交通事故风险等级	公路风险等级	优先次序
国道 A	1220.0	1220.1	Ⅰ	Ⅱ	D
国道 A	1220.1	1220.2	Ⅰ	Ⅱ	D
国道 A	1220.2	1220.3	Ⅰ	Ⅱ	D
…	…	…	…	…	…
国道 A	1220.9	1221.0	Ⅰ	Ⅱ	D
国道 A	1221.1	1221.2	Ⅳ	Ⅳ	A
国道 A	1221.2	1221.3	Ⅳ	Ⅳ	A
…	…	…	…	…	…
国道 A	1221.9	1222.0	Ⅳ	Ⅳ	A
国道 A	1222.1	1222.2	Ⅳ	Ⅲ	C
国道 A	1222.2	1222.3	Ⅳ	Ⅲ	C
…	…	…	…	…	…
国道 A	1222.9	1223.0	Ⅳ	Ⅲ	C
…	…	…	…	…	…

B.4 制订实施计划

确定了路段分类和实施次序后，可以选择性地进行开放性沟通和协商，听取道路使用者、沿线居民等对公路安全的看法、对处置措施的建议等，最终制订具体的公路安全生命防护工程实施计划。

附录 C 公路技术指标简易测量方法

公路技术指标应以工程实际测量为准,部分公路技术指标可采用如下简易测量方法。

C.1 弯道半径

测量工具:皮尺,长度为 20m 或 30m。

测量方法:如图 C.1-1 所示,首先在实地上找出弯道的中线以及弯道的中点,将 20m 或 30m 长的皮尺拉直,两端置于弯道中线上;再将弯道中点与皮尺中点进行连线且与皮尺保持垂直,量出两点间的距离 D。弯道半径 R 可按下式计算,也可查表 C.1 获得。同一地点应连续测量 3 次取平均值。

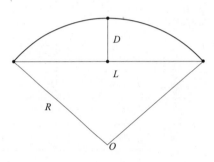

图 C.1-1 弯道半径简易测量示意图

$$R = \frac{D}{2} + \frac{L^2}{8D} \qquad (C.1)$$

表 C.1-1 弯道半径计算表(单位:m)

L = 20m		L = 30m	
D	R	D	R
1.00	51	1.00	113
1.10	46	1.10	103
1.20	42	1.20	94
1.30	39	1.30	87
1.40	36	1.40	81
1.50	34	1.50	76
1.60	32	1.60	71
1.70	30	1.70	67
1.80	29	1.80	63
1.90	27	1.90	60

续上表

L=20m		L=30m	
D	R	D	R
2.00	26	2.00	57
2.10	25	2.10	55
2.20	24	2.20	52
2.30	23	2.30	50
2.40	22	2.40	48
2.50	21	2.50	46
2.60	21	2.60	45
2.70	20	2.70	43
2.80	19	2.80	42
2.90	19	2.90	40
3.00	18	3.00	39
3.10	18	3.10	38
3.20	17	3.20	37
3.30	17	3.30	36
3.40	16	3.40	35
3.50	16	3.50	34
3.60	16	3.60	33
3.70	15	3.70	32
3.80	15	3.80	32
3.90	15	3.90	31
4.00	15	4.00	30

C.2 纵坡坡度

测量工具：坡度尺（精度为±1°）。

测量方法：将坡度尺的测量面沿公路纵向与中心线接触。旋转刻度旋轮，直到水准管气泡居中，读取指针尖端对准刻度盘上的数字。同一地点应连续测量3次取平均值。

C.3 视距

测量工具：轮式测距仪（精度为0.1m）。

测量方法：如图 C.3-1 所示，首先在车道中心线上规定的视线高度（1.2m 或 2.0m）确定视点 P_1，人眼视线范围内，确定远处路面最左侧边缘目标点 P_2 和路面最右侧边缘目标点 P_3（P_2、P_3 距路面高度为 0.1m）；使用轮式测距仪沿该车道中心线分别测量 P_1 距离 P_2 和 P_3 的长度，取二者中的较小值。以一定步长（如 10m）移动视点 P_1，重复上述测量过程。同一地点应连续测量 3 次，取 3 次测量结果中的最小值作为视距测量结果。

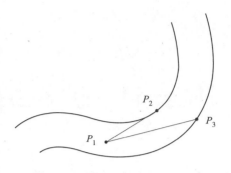

图 C.3-1　视距简易测量示意图

C.4　路侧边坡高度

测量工具：手持激光测距仪（量程大于 10m）、坡度尺。

测量方法：将激光测距仪放置于边坡顶点，激光束沿边坡坡面对准边坡坡底的目标点，获得读数 S。将坡度尺的测量面与边坡坡面接触，旋转刻度旋轮，直到水准管气泡居中，读取指针尖端对准刻度盘上的数字，获得边坡坡度 θ。同一地点应连续测量 3 次取平均值。根据图 C.4-1 所示几何关系，按下式计算边坡高度 H：

$$H = S \times \sin\theta \tag{C.4}$$

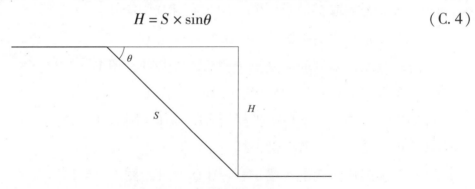

图 C.4-1　路侧边坡高度简易测量示意图

附录 D　护栏结构设计图

(1) C 级波形梁钢护栏(图 D.1)。

(2) C 级混凝土护栏(图 D.2-1～图 D.2-3)。

(3) B 级薄壁钢筋混凝土护栏(图 D.3-1、图 D.3-2)。

(4) B 级片石混凝土护栏(图 D.4)。

(5) B 级钢丝网石砌护栏(图 D.5-1～图 D.5-3)。

(6) A 级三波形梁钢护栏(图 D.6-1、图 D.6-2)。

(7) 示警墩加固成 A 级混凝土护栏(图 D.7)。

(8) A 级通透型混凝土护栏(图 D.8-1～图 D.8-3)。

(9) A 级锚杆式混凝土护栏(图 D.9-1、图 D.9-2)。

(10) A 级箱式填石护栏(图 D.10-1～图 D.10-4)。

(11) A 级延展式基础护栏(图 D.11-1～图 D.11-3)。

(12) A 级改进型钢筋混凝土护栏(图 D.12-1、图 D.12-2)。

(13) A 级单坡面砌石护栏(图 D.13-1～图 D.13-4)。

(14) B 级梁柱式小型桥梁护栏(图 D.14-1、图 D.14-2)。

(15) B 级波形梁小型桥梁护栏(图 D.15)。

(16) A 级轻质防侧翻桥梁护栏(图 D.16-1、图 D.16-2)。

附录 D 护栏结构设计图

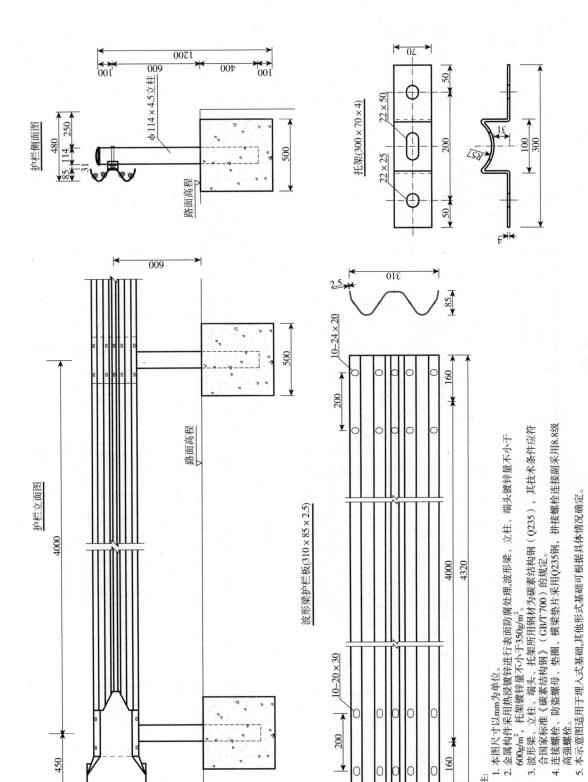

图 D.1 C 级波形梁钢护栏一般结构图

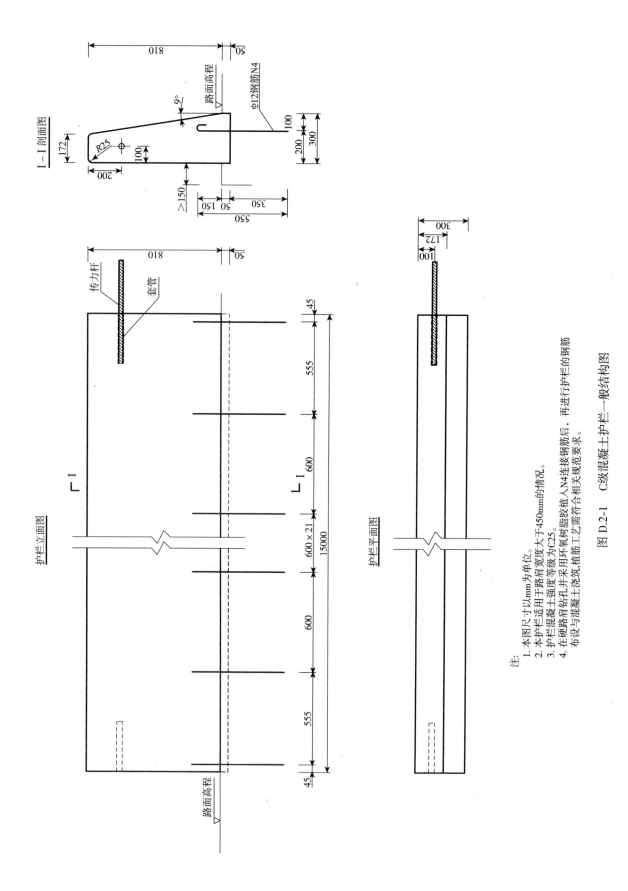

图 D.2-1 C级混凝土护栏一般结构图

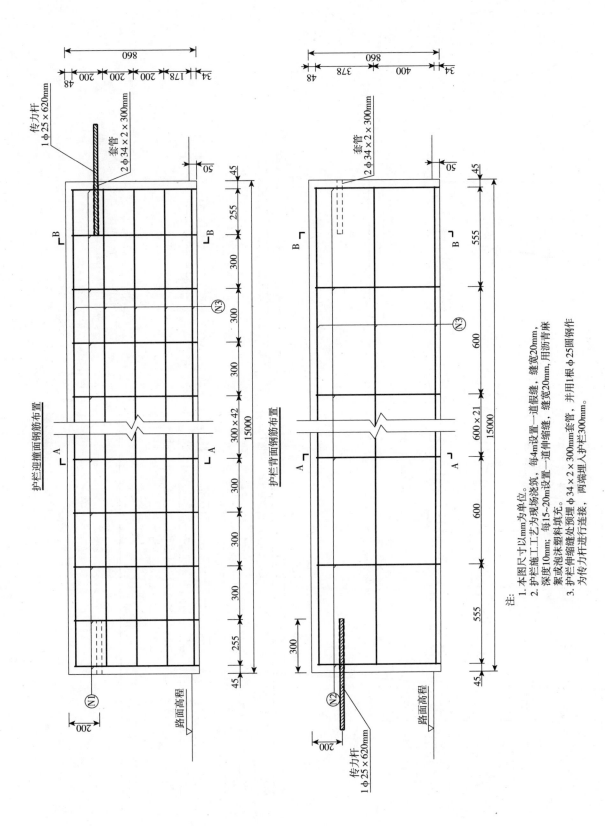

图 D.2-2 C级混凝土护栏配筋图(一)

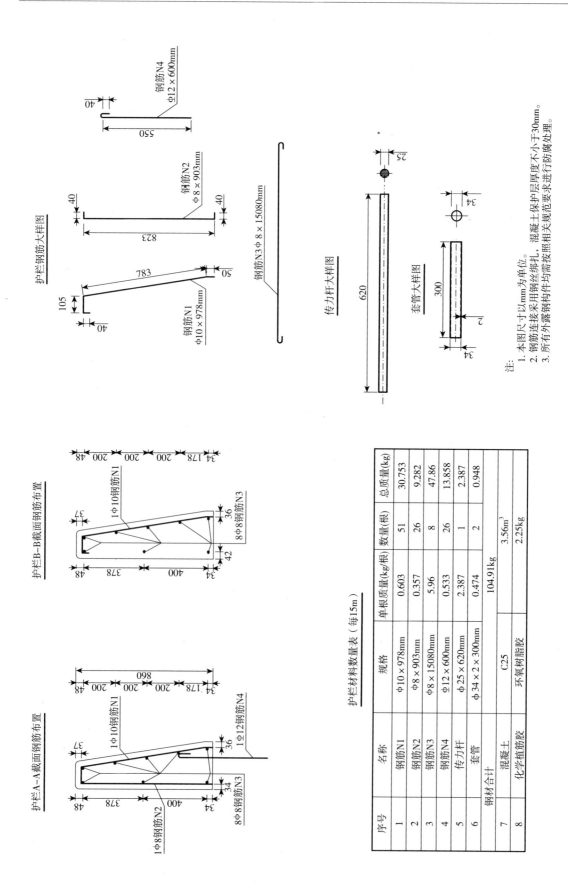

图 D.2-3 C级混凝土护栏配筋图(二)

附录 D 护栏结构设计图

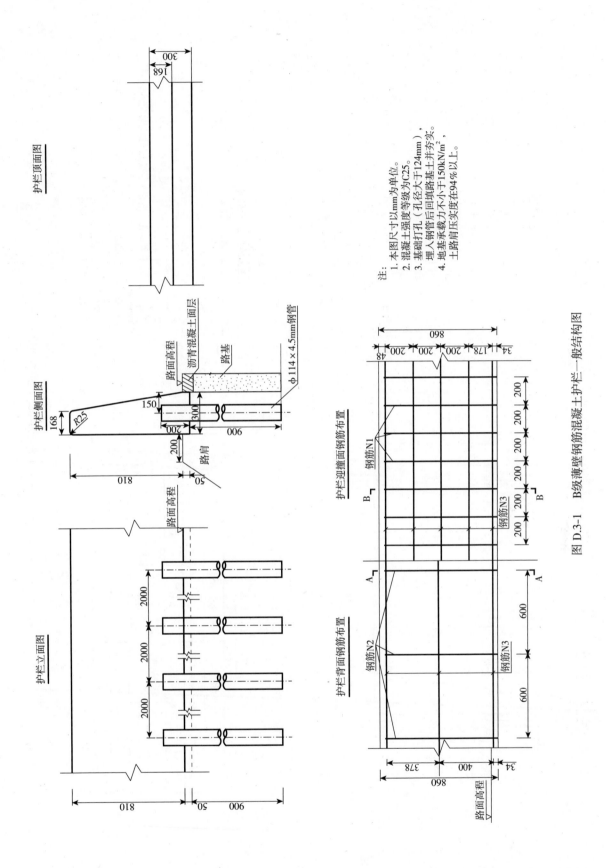

图 D.3-1 B级薄壁钢筋混凝土护栏一般结构图

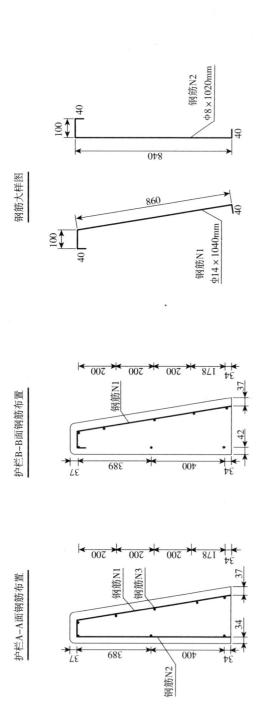

图 D.3-2 B级薄壁钢筋混凝土护栏配筋图

附录 D 护栏结构设计图

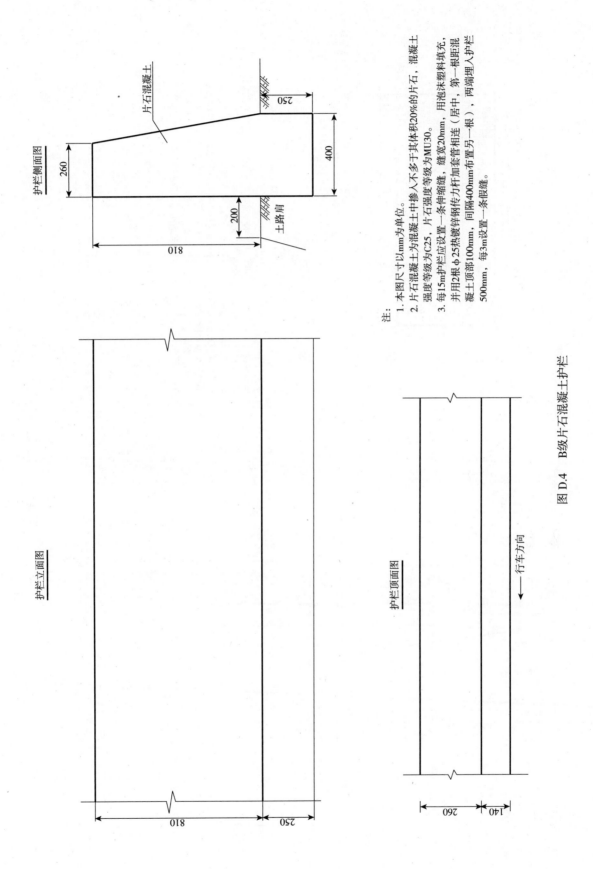

注：
1. 本图尺寸以mm为单位。
2. 片石混凝土上为混凝土中掺入不多于其体积20%的片石，混凝土强度等级为C25，片石强度等级为MU30。
3. 每15m护栏应设置一条伸缩缝，缝宽20mm，用泡沫塑料填充，并用2根φ25热镀锌钢传力杆加套管相连（居中，第一根置另一根），两端埋入护栏顶部100mm，间隔400mm布置一根，两端埋入护栏凝土顶部500mm，每3m设置一条假缝。

图 D.4 B级片石混凝土护栏

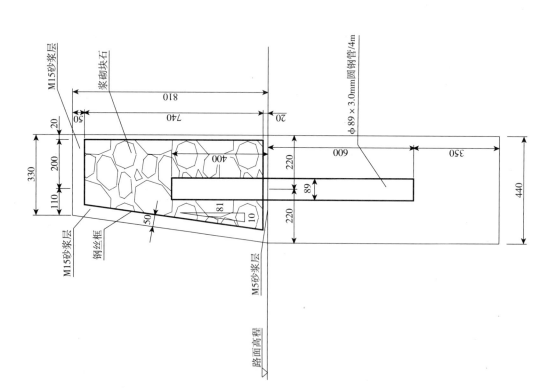

图 D.5-1 B级钢丝网石砌护栏一般结构图

附录 D 护栏结构设计图

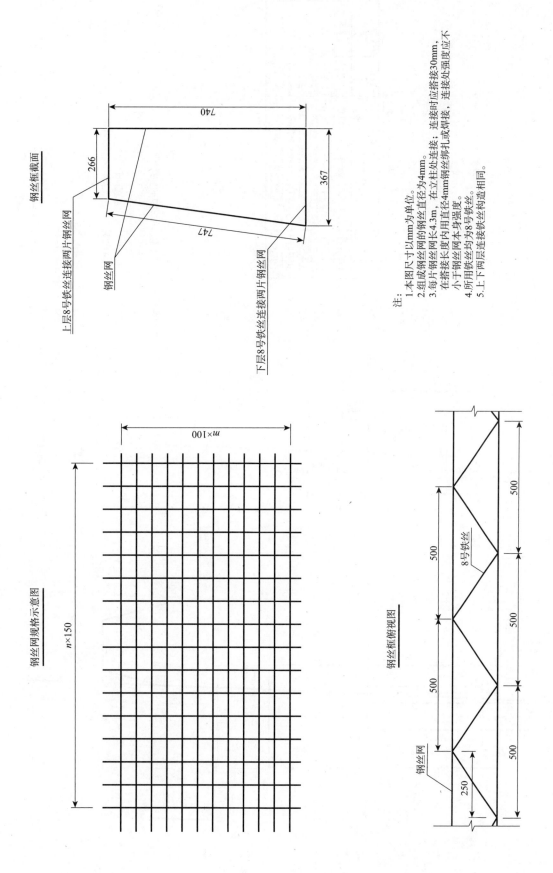

图D.5-2 B级钢丝网石砌护栏钢丝框构造图

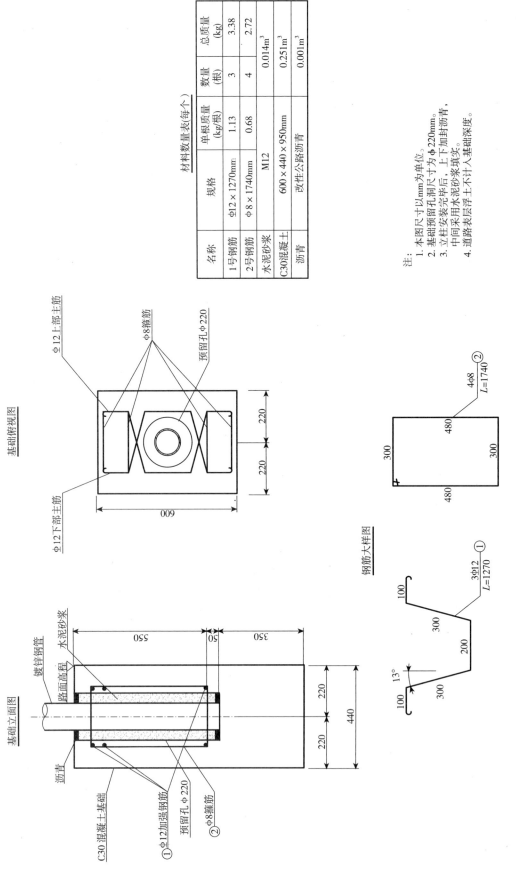

图D.5-3 B级钢丝网石砌护栏基础构造图

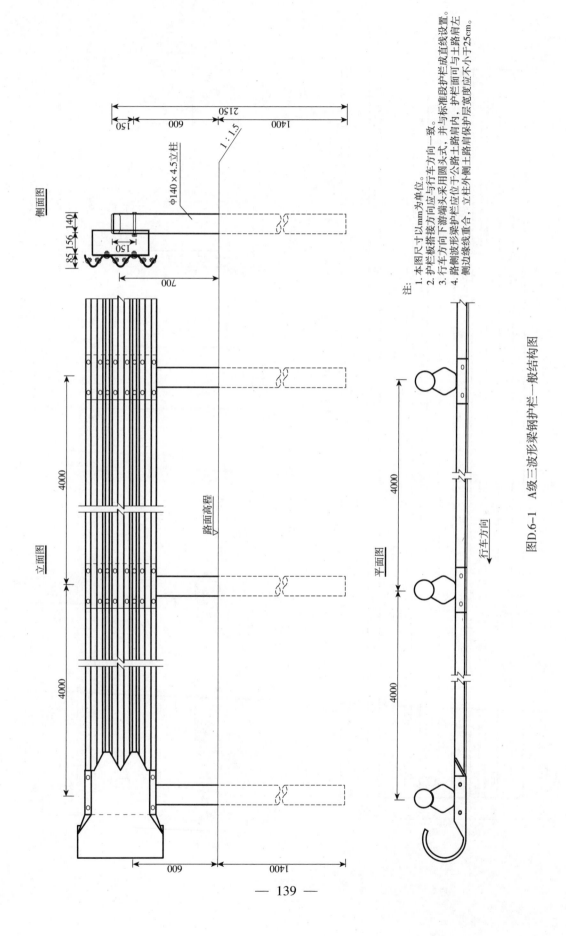

图 D.6-1 A 级三波形梁钢护栏一般结构图

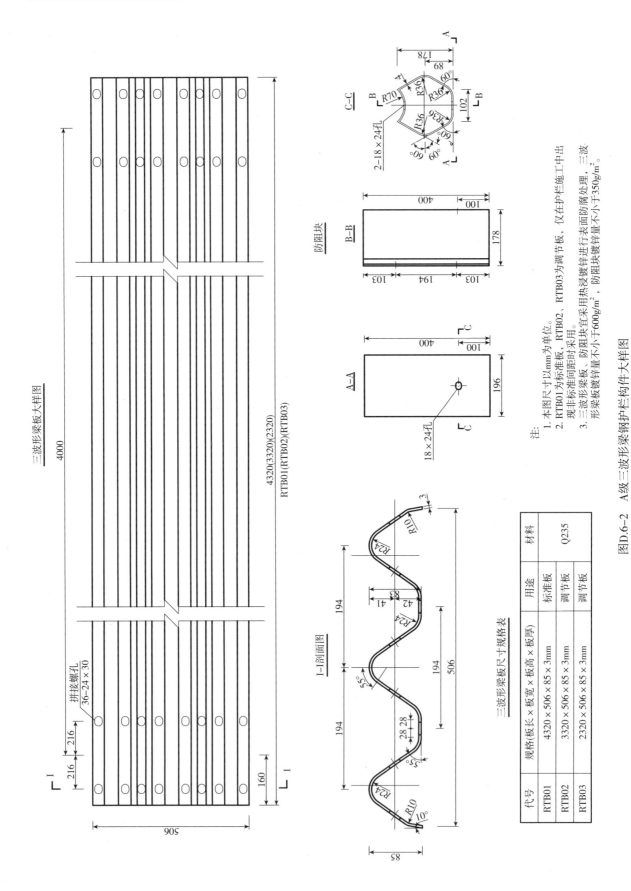

图D.6-2　A级三波形梁钢护栏构件大样图

附录 D 护栏结构设计图

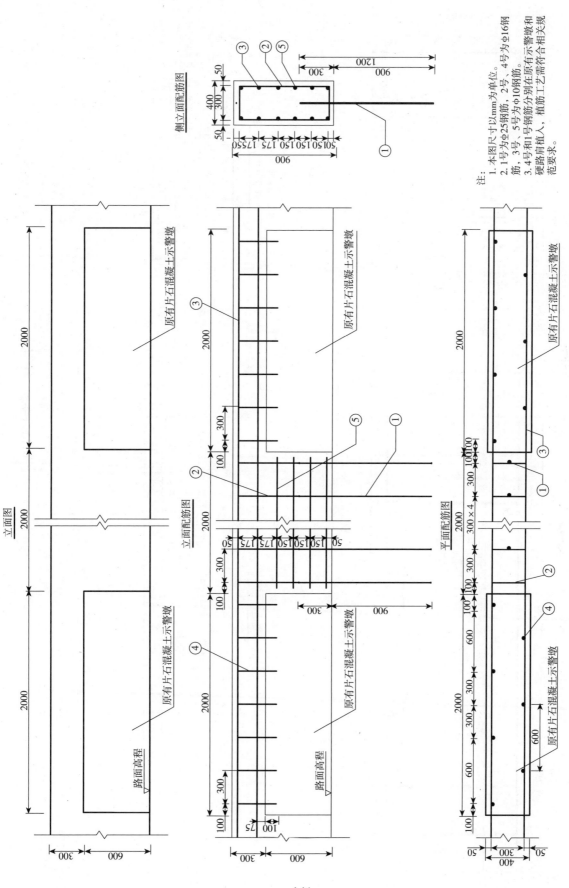

图D.7 示警墩加固成A级混凝土护栏一般结构图

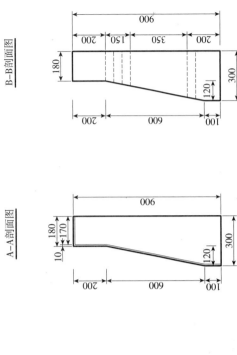

图 D.8-1　A级通透型混凝土护栏一般结构图

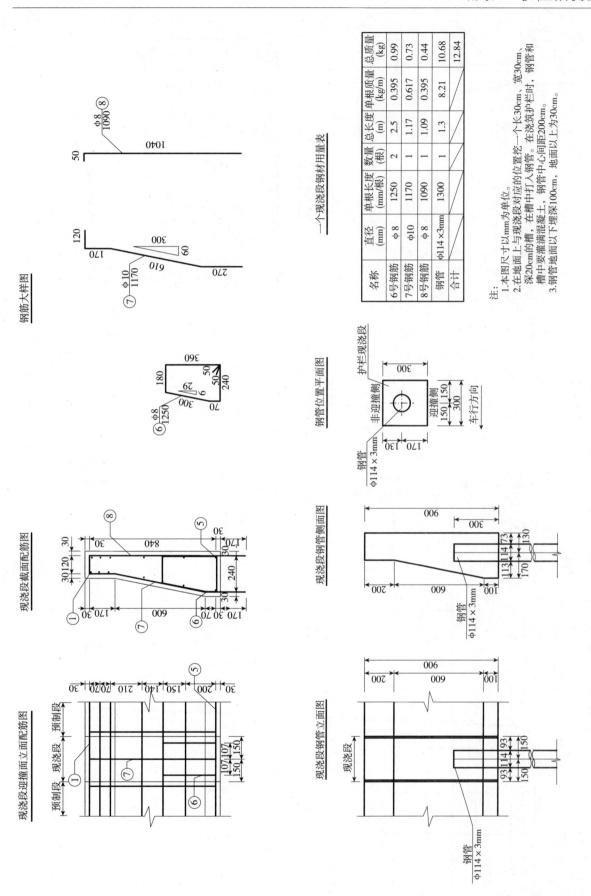

图 D.8-2 A级通透型混凝土护栏现浇段配筋图

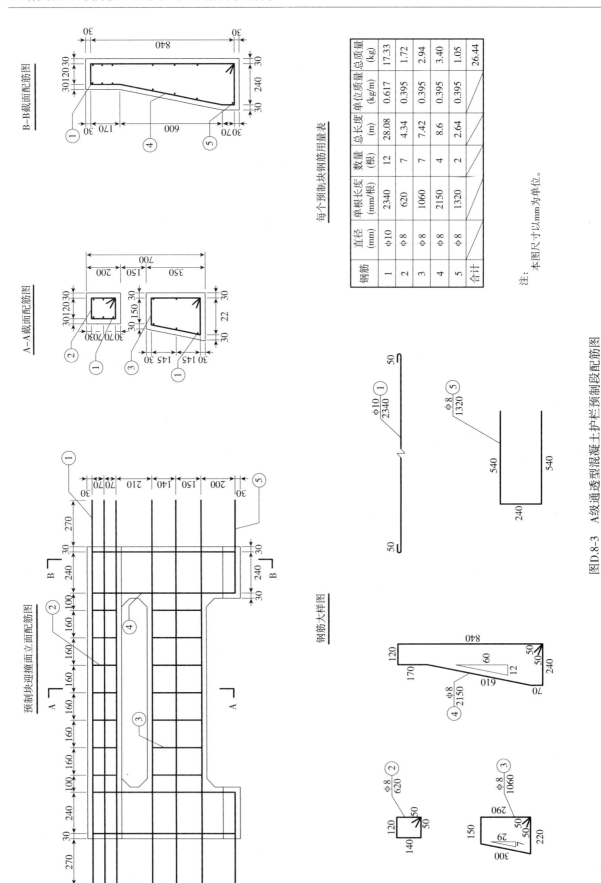

图D.8-3 A级通透型混凝土护栏预制段配筋图

附录 D 护栏结构设计图

护栏标准横断面图

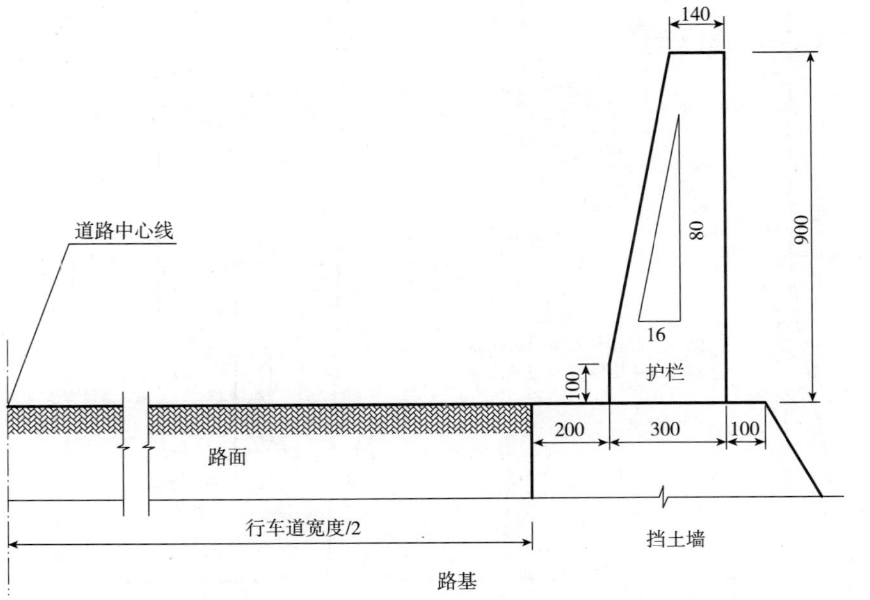

标准段护栏材料用量(每延米)

材料	规格	护栏	基础	合计
钢筋	Φ10mm	8.7kg		8.7kg
	Φ6mm	0.56kg		0.56kg
	Φ14mm		3.56kg	3.56kg
				12.82kg
混凝土	C25	0.206m³		0.206m³

注：
1. 本图尺寸以mm为单位。
2. 混凝土强度等级为C25。
3. 护栏分段长度以10~15m为宜。
4. 护栏最小设置长度为25m。

护栏防撞技术指标

车型	碰撞条件			防撞能力			
	质量(t)	速度(km/h)	角度(°)	碰撞能量(kJ)	加速度(g)	行驶轨迹	最大位移(mm)
小客车	1.5	80	20		<20	满足要求	4.8
大客车	14	60	20	227.5		满足要求	49.2

图D.9-1 A级锚杆式混凝土护栏一般结构图

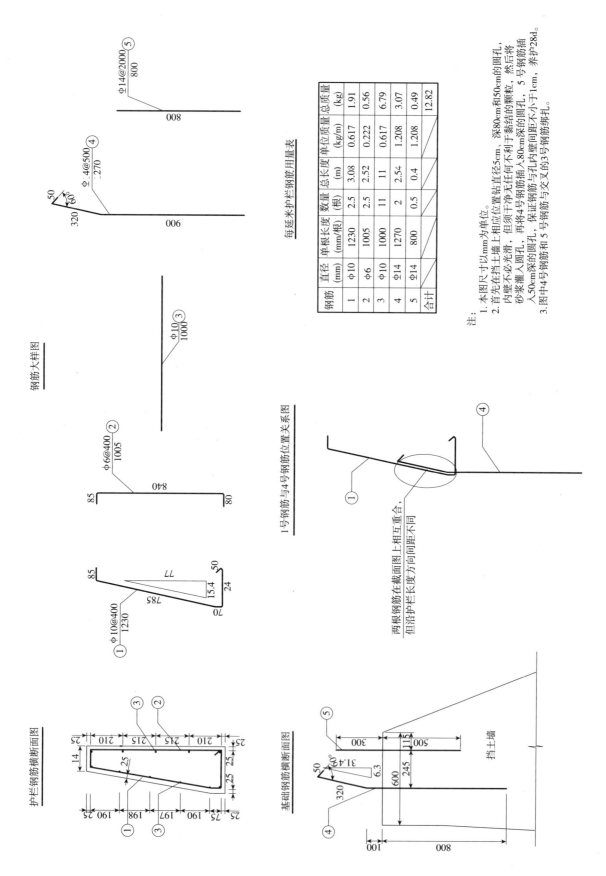

图D.9-2 A级锚杆式混凝土护栏配筋图

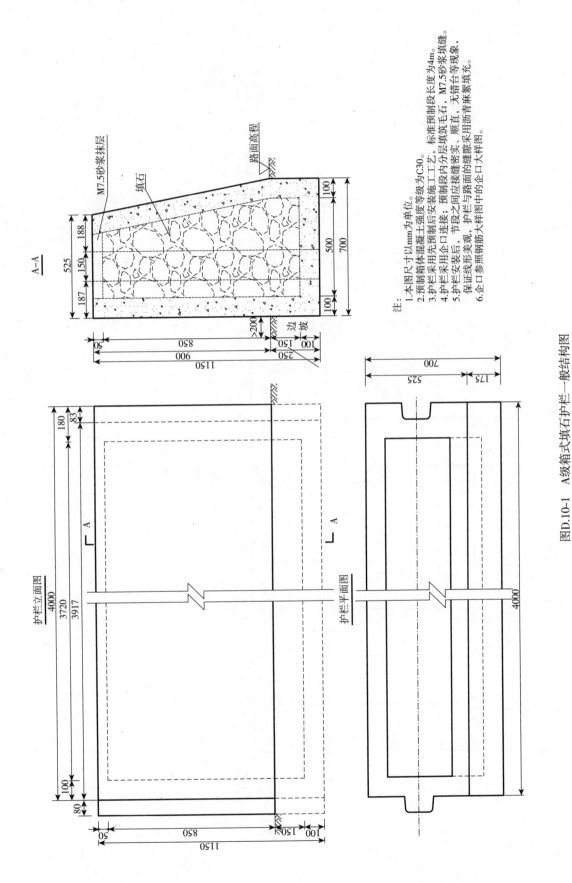

图 D.10-1 A级箱式填石护栏一般结构图

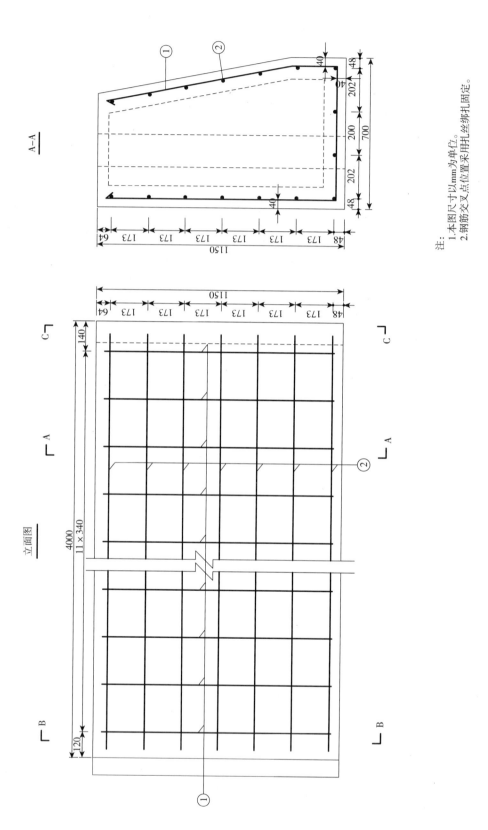

图D.10-2 A级箱式填石护栏预制箱体配筋图(一)

附录 D 护栏结构设计图

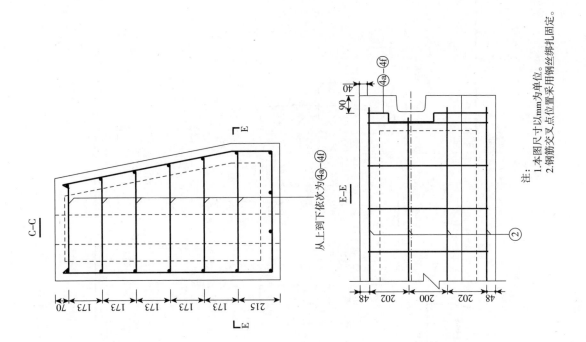

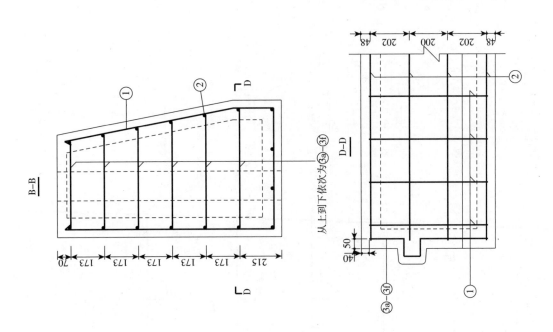

图 D.10-3 A 级箱式填石护栏预制箱体配筋图(二)

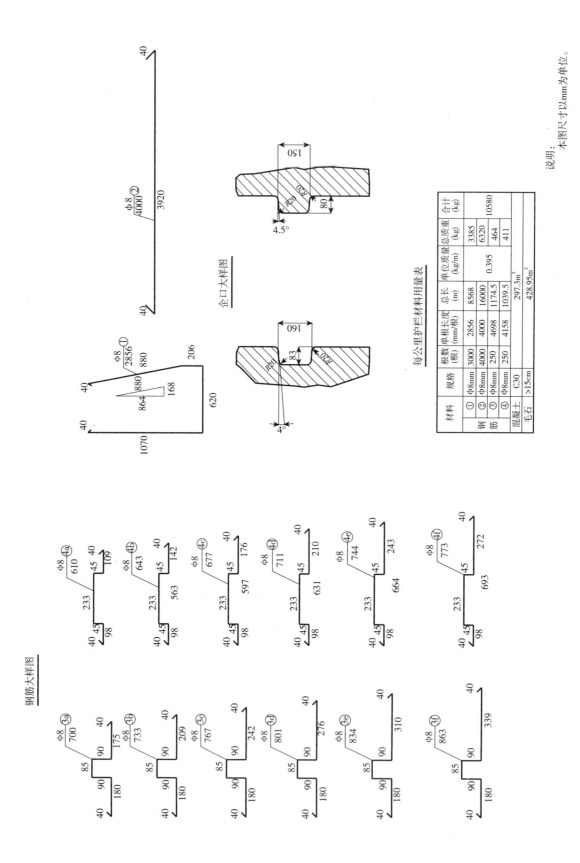

图D.10-4 A级箱式填石护栏钢筋大样图

附录 D 护栏结构设计图

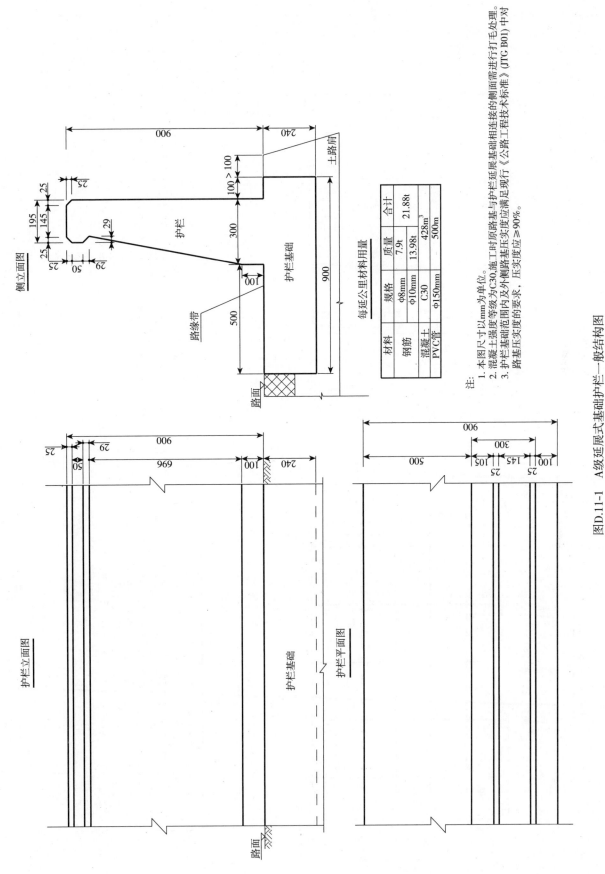

图 D.11-1 A 级延展式基础护栏一般结构图

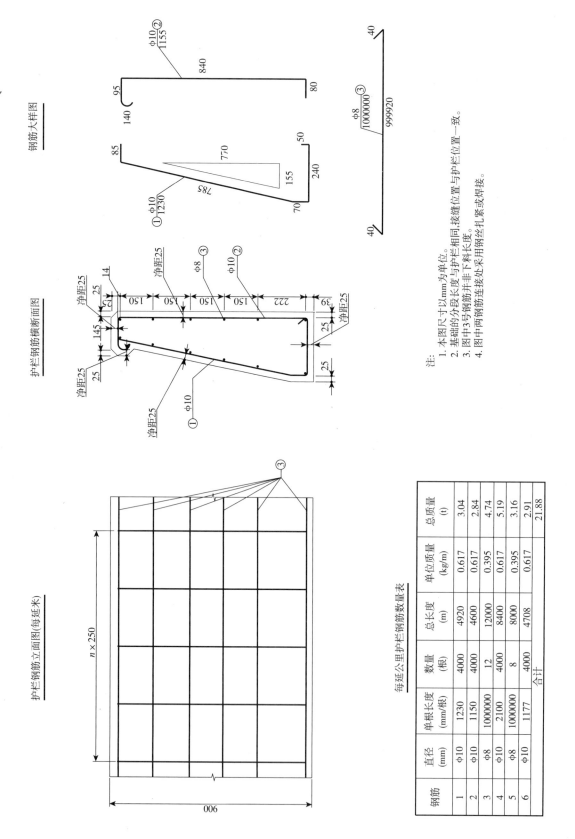

图D.11-2 A级延展式基础护栏配筋图

附录 D 护栏结构设计图

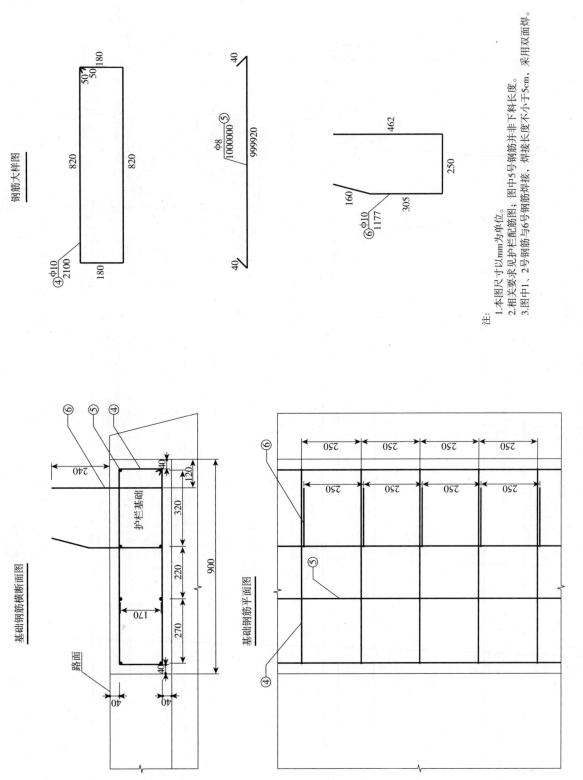

图 D.11-3 A 级延展式基础护栏基础配筋图

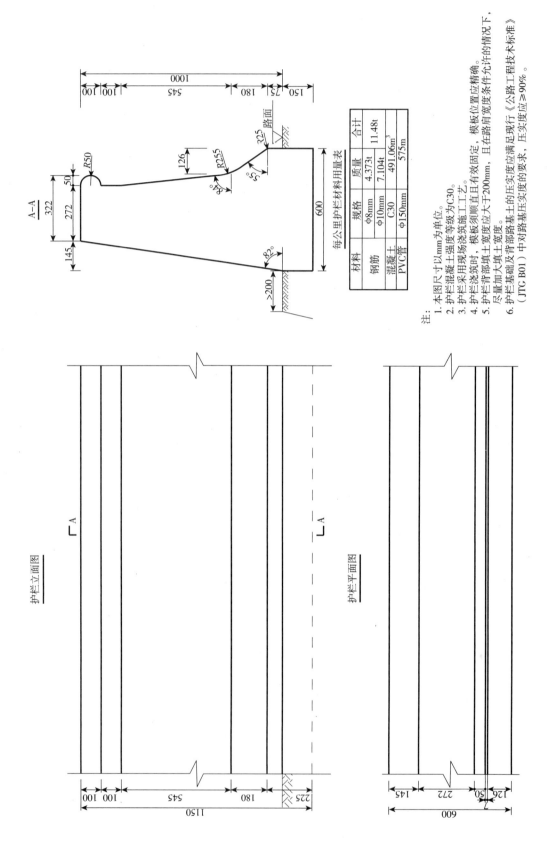

图D.12-1 A级改进型钢筋混凝土护栏一般结构图

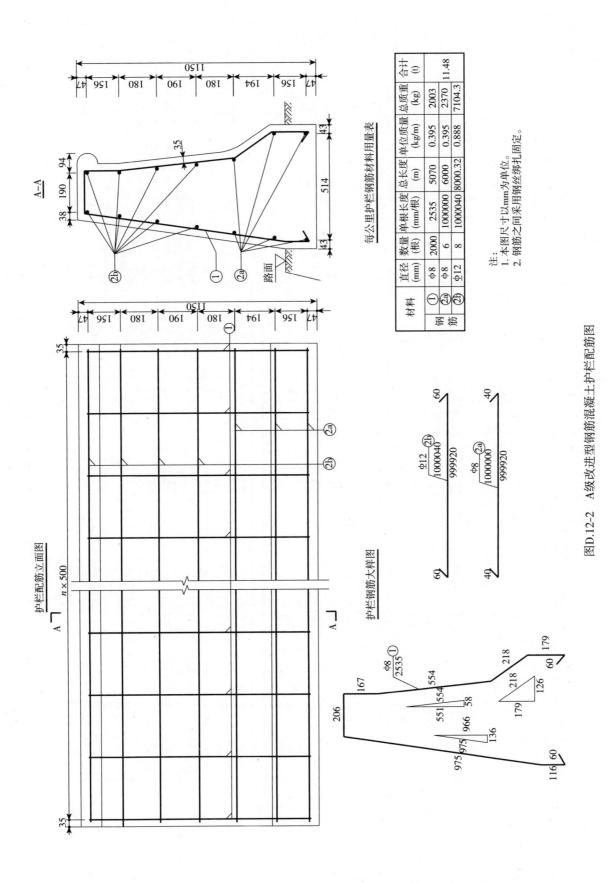

图D.12-2 A级改进型钢筋混凝土护栏配筋图

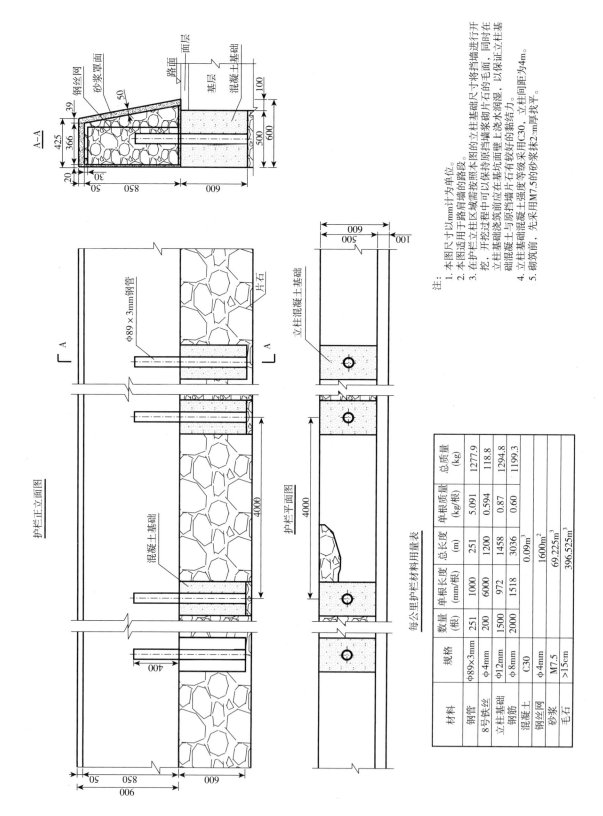

图D.13-1 A级单坡面砌石护栏一般结构图

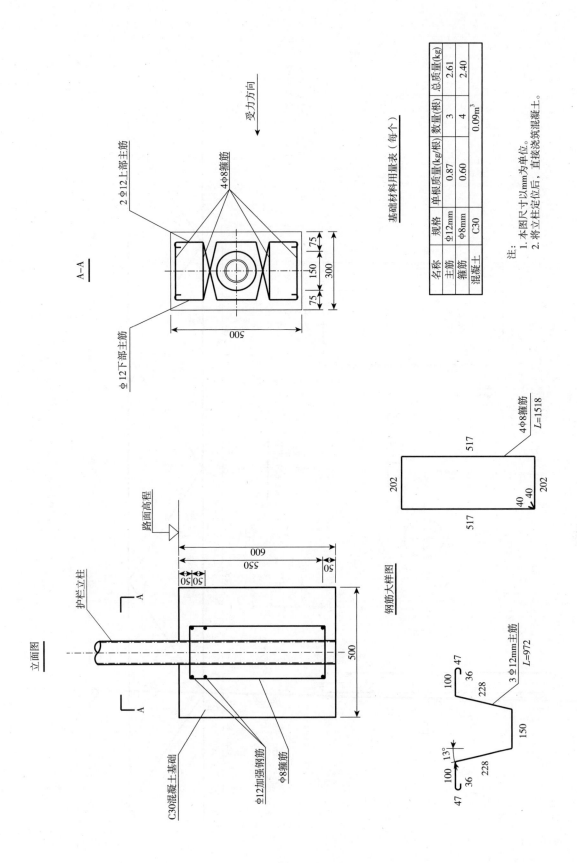

图D.13-2 A级单坡面砌石护栏立柱基础配筋图

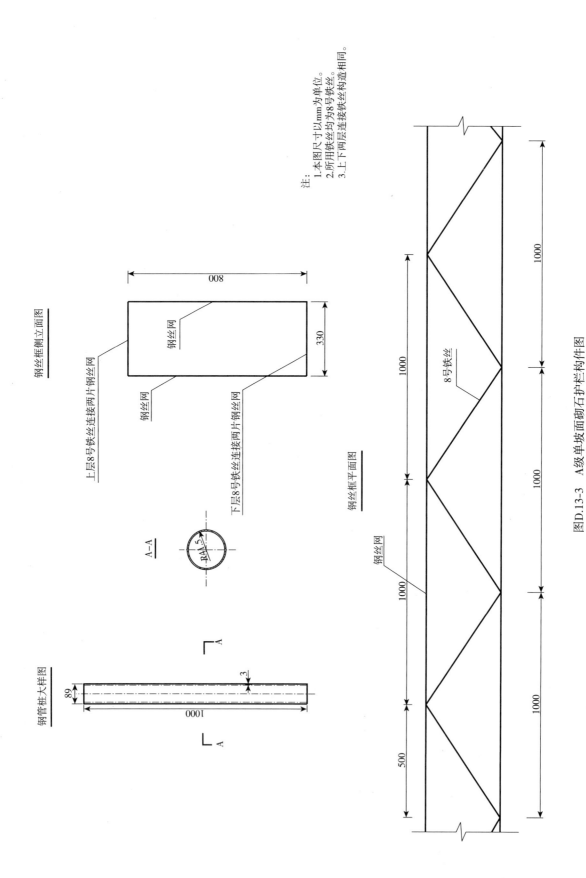

图D.13-3 A级单坡面砌石护栏构件图

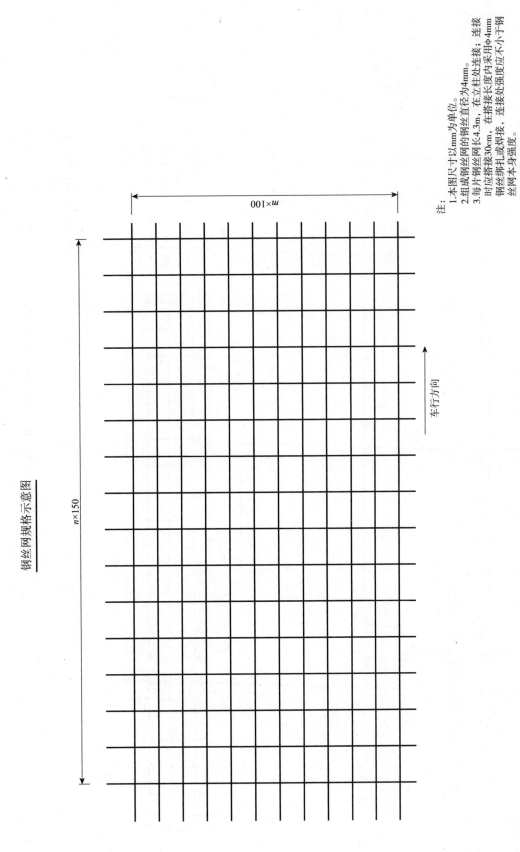

图 D.13-4 A级单坡面砌石护栏钢丝网构造图

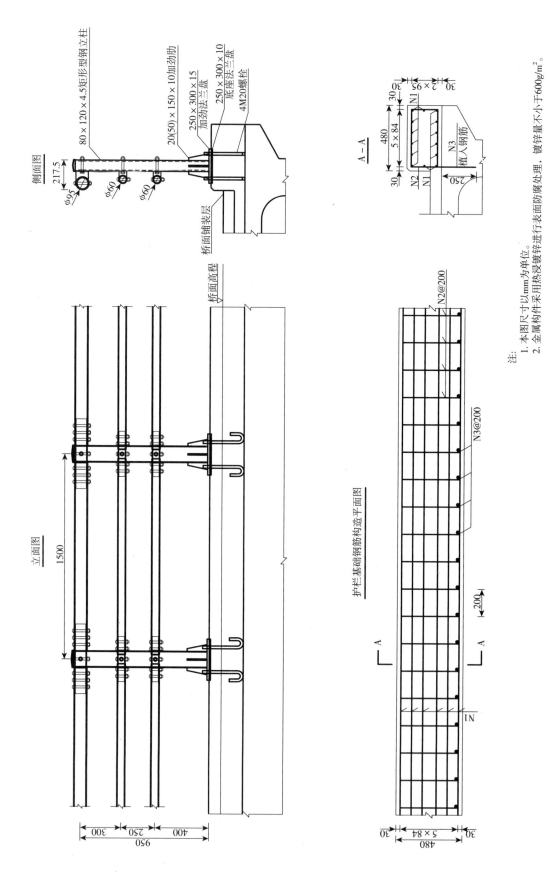

图D.14-1 B级梁柱式小型桥梁护栏一般结构图

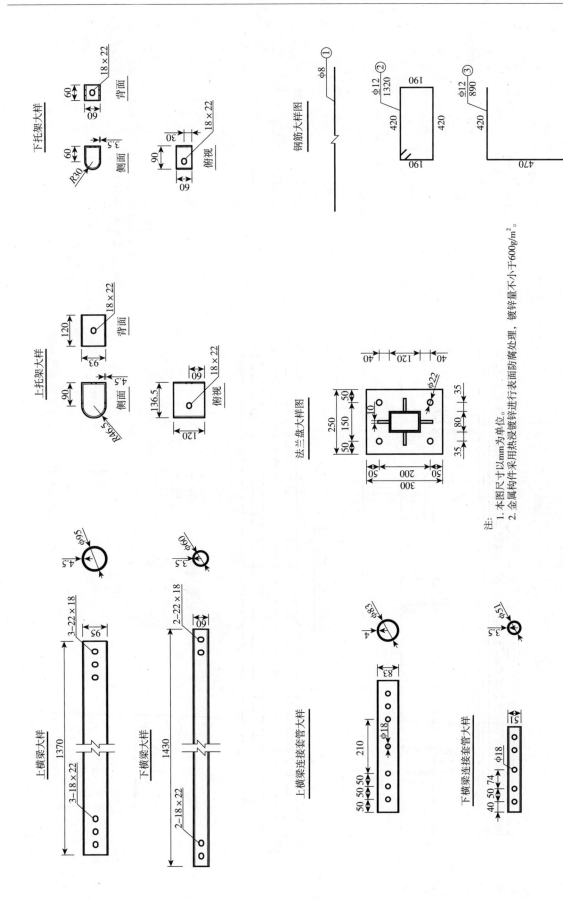

图D.14-2 B级梁柱式小型桥梁护栏构件大样图

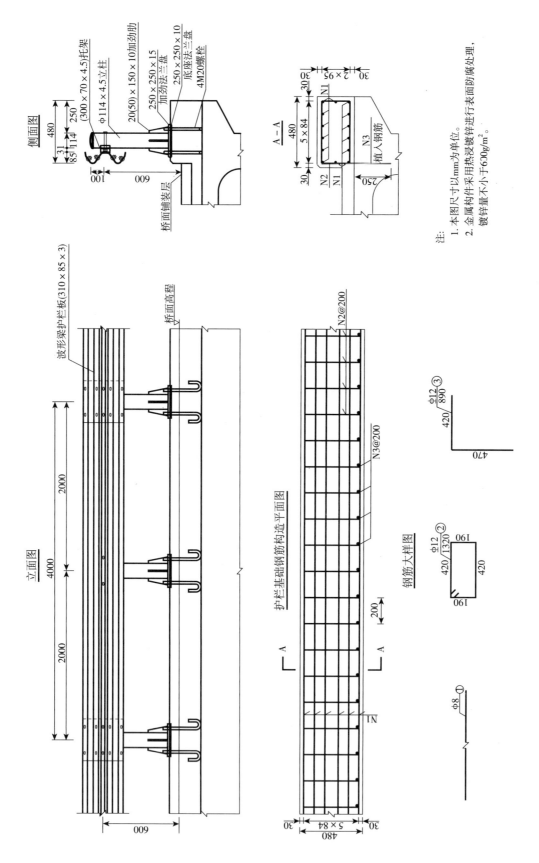

图D.15 B级波形梁小型桥梁护栏一般结构图

附录 D 护栏结构设计图

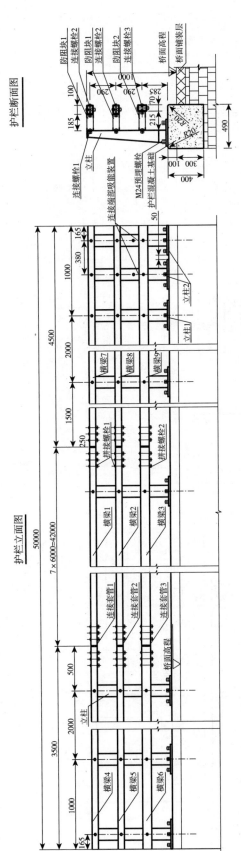

50m护栏单侧材料数量表

编号	构件名称	规格(mm)	数量	单件质量(kg)	总质量(kg)	备注
1	立柱1	79(150)×900×8	26个	35.602	925.652	Q345
2	立柱2	79(150)×900×8	2个	35.602	71.204	Q345
3	横梁1	100×70×6×5990	7根	95.313	667.191	Q345
4	横梁2	100×70×4×5990	7根	63.542	444.794	Q345
5	横梁3	100×70×4×5990	7根	63.542	444.794	Q345
6	横梁4	100×70×6×3495	1根	55.692	55.692	Q345
7	横梁5	100×70×4×3495	1根	37.128	37.128	Q345
8	横梁6	100×70×4×3495	1根	37.128	37.128	Q345
9	横梁7	100×70×6×4495	1根	71.604	71.604	Q345
10	横梁8	100×70×4×4495	1根	47.736	47.736	Q345
11	横梁9	100×70×4×4495	1根	47.736	47.736	Q345
12	连接套管1	80×50×8×530	8根	8.6	68.8	Q345
13	连接套管2	85×55×6×530	8根	6.945	55.56	Q345
14	连接套管3	85×55×6×530	8根	6.945	55.56	Q345
15	防阻块1	185×130×8	56个	2.769	155.064	Q345
16	防阻块2	215×130×8	28个	3.033	84.924	Q345
17	连接螺栓1	M16×40	168套	0.125	21	8.8级
18	连接螺栓2	M16×140	56套	0.266	14.896	8.8级
19	连接螺栓3	M16×100	28套	0.206	5.768	8.8级
20	拼接螺栓1	M20×100	96套	0.337	32.352	8.8级
21	拼接螺栓2	M20×140	48套	0.435	20.88	8.8级
22	预埋件	见配筋图			584.64	见配筋图
23	钢筋	见配筋图			1650.83	见配筋图
	钢材合计				5600.933kg	
	C30混凝土				9.8m³	

注：
1. 本图尺寸以mm为单位。
2. 本图适用于新建及改建桥梁护栏。
3. 图中桥面铺装厚度仅为示意。
4. 上部金属梁柱结构立柱与桥混凝土基础预埋螺母连接。
5. 护栏混凝土基础处理应通过植筋方式与护栏混凝土桥梁连接。
6. 护栏混凝土端部处理应满足封口处理。
7. 所有上部结构螺栓及预埋螺栓均应按现行相关规范要求进行防腐处理。
8. 图中材料数量表仅为一侧桥梁护栏的材料数量。

图 D.16-1 A级轻质防侧翻桥梁护栏一般结构图

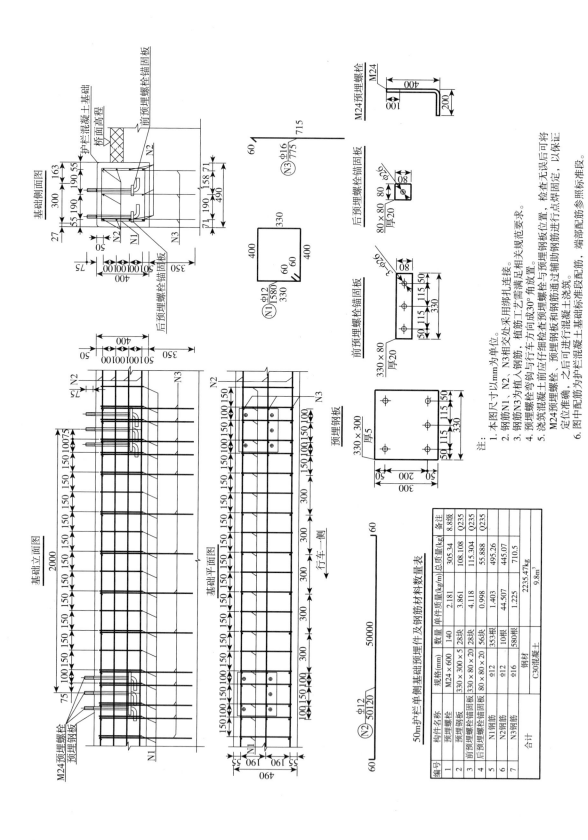

图D.16-2 A级轻质防侧翻桥梁护栏基础配筋及预埋件图

附录E 警示设施结构设计图

（1）道口标柱一般结构图（图E.1）。

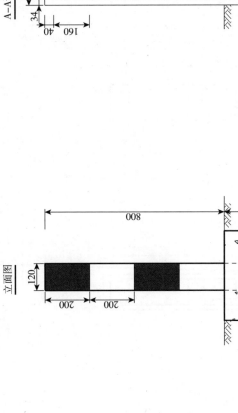

图E.1 道口标柱一般结构图

(2)水泥混凝土示警桩一般结构图(图E.2)。

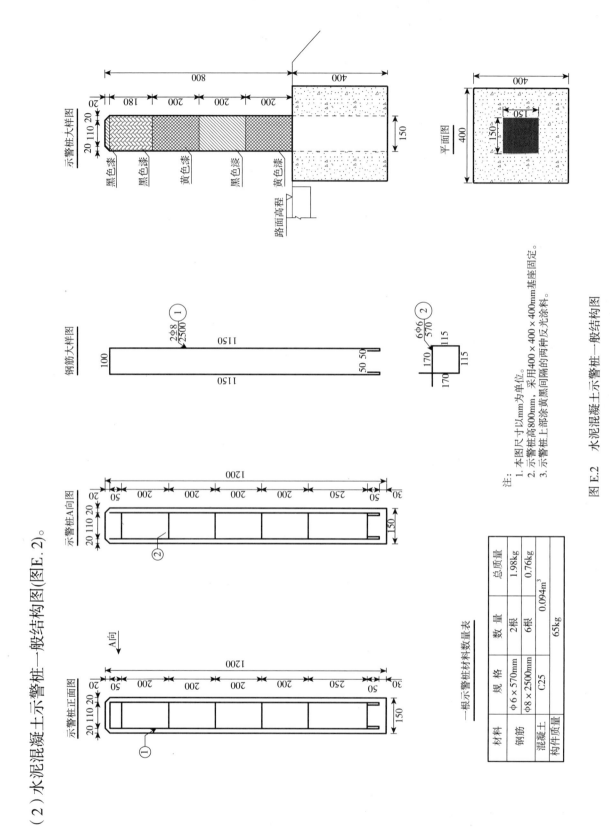

图E.2 水泥混凝土示警桩一般结构图

（3）连续式示警墩一般结构图(图E.3)。

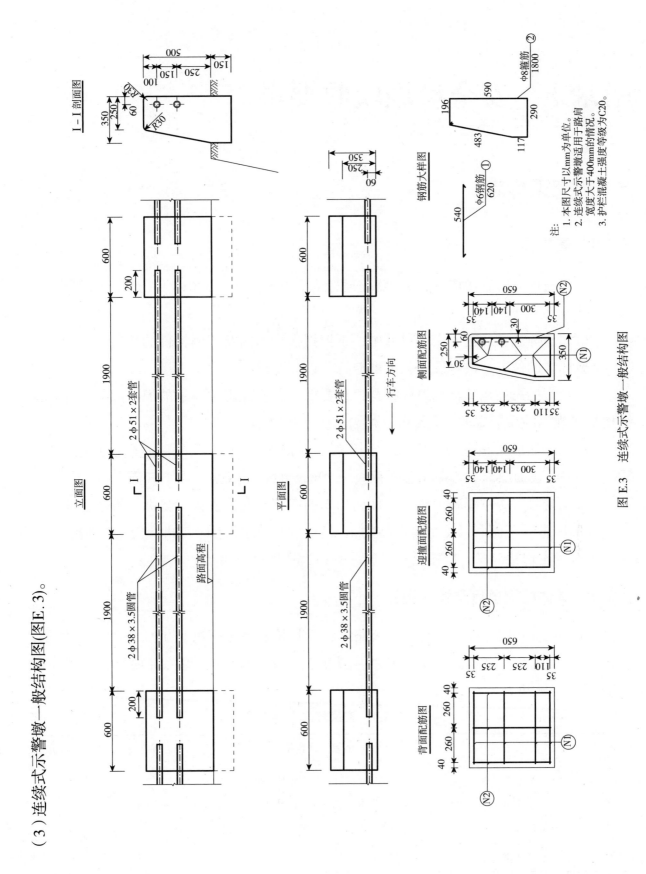

图 E.3 连续式示警墩一般结构图

附录F 安全设施验收要求

F.1 交通标志

F.1.1 基本要求

（1）交通标志的制作应符合《道路交通标志和标线》（GB 5768）和《道路交通标志板及支撑件》（GB/T 23827）的规定。

（2）交通标志在运输、安装过程中，不得损伤标志面及金属构件的镀层。

（3）标志的位置、数量及安装角度应符合设计要求。

（4）大型标志的地基承载力应符合设计要求。大型标志柱、梁的焊接部分应符合钢结构焊接规范的质量要求，无裂缝、熔合、夹渣等缺陷。

（5）标志面应平整完好，无起皱、开裂、缺损或凹凸变形，标志面任一处面积为 50cm×50cm 表面上，不得存在总面积大于 $10mm^2$ 的一个或一个以上气泡。

（6）反光膜应尽可能减少拼接，任何标志的字符不允许拼接。当标志板的长度或宽度、圆形标志的直径小于反光膜产品的最大宽度时，底膜不应有拼接缝。当粘贴反光膜不可避免出现接缝时，应按反光膜产品的最大宽度进行拼接。

F.1.2 具体检测项目及技术指标

具体检测项目及技术指标参见《公路工程质量检验评定标准》（JTG F80/1）的规定，如表 F.1-1 所示。（涉及结构安全和使用功能的重要实测项目为关键项目，在表中以"△"标识，后同。）

表 F.1-1 交通标志实测项目

项次	检查项目	规定值或允许偏差	检查方法和频率	权值
1	标志板外形尺寸（mm）	±5°。当边长尺寸大于 1.2m 时，允许偏差为边长的 ±0.5%；三角形内角应为 60°±5°	钢卷尺、万能角尺、卡尺；检查100%	1
	标志底板厚度（mm）	不小于设计要求		

续上表

项次	检查项目	规定值或允许偏差	检查方法和频率	权值
2	标志汉字、数字、拉丁字的字体及尺寸(mm)	应采用符合规定字体，基本字高不小于设计要求	字体与标准字体对照，字高用钢卷尺：抽检10%	1
3△	标志面反光膜等级及逆反射系数(cd·lx^{-1}·m^{-2})	反光膜等级符合设计要求。逆反射系数值不低于《道路交通标志板及支撑件》(GB/T 23827)的规定	反光膜等级用目测初定，便携式测定仪：检查100%	2
4	标志板下缘至路面净空高度及标志板内缘距路边缘距离(mm)	+100，0	直尺、水平尺或经纬仪：检查100%	1
5	立柱竖直度(mm/m)	±3	垂线、直尺：检查100%	1
6△	标志金属构件镀层厚度(μm)	标志柱、横梁，≥78 紧固件，≥50	测厚仪：检查100%	2
7	标志基础尺寸(mm)	−50，+100	钢尺、直尺：检查100%	1
8	基础混凝土强度	在合格标准内	基础施工同时做试件，每处1组(3件)：检查100%	1

F.1.3 外观鉴定

(1)标志板安装后应平整，夜间在车灯照射下，标志板底色和字符应清晰明亮，颜色均匀，不得出现明暗不均的现象，不能影响标志的认读。

(2)标志反光膜采用拼接时，重叠部分应不小于5mm。当采用平接时，其间隙应不超过1mm。距标志板边缘50mm之内，不得有接缝。

(3)标志金属构件镀层应均匀、颜色一致，不允许有流挂、滴瘤或多余结块，镀件表面应无漏镀、露铁等缺陷。

F.2 路面标线

F.2.1 基本要求

(1)路面标线涂料应符合《路面标线涂料》(JT/T 280)的规定。

(2)路面标线喷涂前应仔细清洁路面，表面干燥，无起灰现象。

（3）路面标线的颜色、形状和设置位置应符合《道路交通标志和标线》(GB 5768)的规定和设计要求。

F.2.2 具体检测项目及技术指标

具体检测项目及技术指标参见《公路工程质量检验评定标准》(JTG F80/1)的规定，如表 F.2-1 所示。

表 F.2-1　路面标线实测项目

项次	检查项目		规定值或允许偏差	检查方法和频率	权值
1	标线线段长度（mm）	6000	±50	钢卷尺：抽检10%	1
		4000	±40		
		3000	±30		
		1000～2000	±20		
2	标线宽度（mm）	400～450	+15，0	钢尺：抽检10%	1
		150～200	+8，0		
		100	+5，0		
3△	标线厚度（mm）	常温型(0.12～0.2)	-0.03，+0.10	湿膜厚度计，干膜用水平尺、塞尺或用卡尺：抽检10%	2
		加热型(0.20～0.4)	-0.05，+0.15		
		热熔型(1.0～4.50)	-0.10，+0.50		
4	标线横向偏位(mm)		±30	钢卷尺：抽检10%	1
5	标线纵向间距（mm）	9000	±45	钢卷尺：抽检10%	1
		6000	±30		
		4000	±20		
		3000	±15		
6	标线剥落面积		检查总面积的0～3%	4倍放大镜：目测检查	1
7	反光标线逆反射系数（$cd \cdot lx^{-1} \cdot m^{-2}$）		白色标线，≥150 黄色标线，≥100	反光标线逆反射系数测量仪：抽检10%	2

F.2.3 外观检查

（1）标线施工污染路面应及时清理。每处污染面积不超过 $10cm^2$。

（2）标线线形应流畅，与道路线形相协调，曲线圆滑，不允许出现折线。

（3）反光标线玻璃珠应撒布均匀，附着牢固，反光均匀。

（4）标线表面不应出现网状裂缝、断裂裂缝、起泡现象。

F.3 波形梁钢护栏

F.3.1 基本要求

（1）波形梁钢护栏产品应符合《公路波形梁钢护栏》（JT/T 281）及《公路三波形梁钢护栏》（JT/T 457）的规定。

（2）护栏立柱、波形梁、防阻块及托架的安装应符合设计和施工的要求。

（3）为保证护栏的整体强度，路肩处护栏立柱、基础处理及中央分隔带的土基压实度均不应小于设计值。达不到压实度要求的路段不应进行护栏立柱打入施工。石方路段和挡土墙上的护栏立柱的埋深及基础处理应符合设计要求。

（4）波形梁护栏的端头处理及与桥梁护栏过渡段的处理应满足设计要求。

F.3.2 具体检测项目及技术指标

具体检测项目及技术指标参见《公路工程质量检验评定标准》（JTG F80/1）的规定，如表 F.3-1 所示。

表 F.3-1 波形梁钢护栏实测项目

项次	检查项目	规定值或允许偏差	检查方法和频率	权值
1△	波形梁板基底金属厚度（mm）	$2.5_0^{+\text{不限定}}$；$3.0_0^{+\text{不限定}}$；$4.0_{-0.25}^{+\text{不限定}}$	板厚千分尺：抽检5%	2
2△	立柱壁厚（mm）	$4.5_{-0.25}^{+\text{不限定}}$	测厚仪、千分尺：抽检5%	2
3△	镀（涂）层厚度（μm）	符合设计要求	测厚仪：抽检10%	2
4	拼接螺栓（45号钢）抗拉强度（MPa）	≥600	抽样做拉力试验，每批3组	1
5	立柱埋入深度	符合设计要求	过程检查，直尺：抽检10%	1
6	立柱外边缘距路肩边线距离（mm）	±20	直尺：抽检10%	1
7	立柱中距（mm）	±50	钢卷尺：抽检10%	1
8△	立柱竖直度（mm/m）	±10	垂线、直尺：抽检10%	2
9△	横梁中心高度（mm）	±20	直尺：抽检10%	2
10△	护栏顺直度（mm/m）	±5	拉线、直尺：抽检10%	2

F.3.3 外观检查

（1）焊接钢管的焊缝应平整，无焊渣、突起。构件镀锌层表面应均匀完整、颜色一致，表面具有实用性光滑，不得有流挂、滴瘤或多余结块。镀件表面应无漏镀、露铁、擦痕等缺陷。构件镀铝层表面应连续，不得有明显影响外观质量的熔渣、色泽暗淡及假浸、漏浸等缺陷。构件涂塑层应均匀光滑、连续，无肉眼可分辨的小孔、空间、孔隙、裂缝、脱皮及其他有害缺陷。

（2）直线段护栏不得有明显的凹凸、起伏现象，曲线段护栏应圆滑顺畅，与线形协调一致，中央分隔带开口端头护栏的抛物线形应与设计图相符。

（3）波形梁板搭接方向正确，搭接平顺，垫圈齐备，螺栓紧固。

（4）防阻块、托架、端头的安装应与设计图相符，安装到位，不得有明显变形、扭转、倾斜。

（5）波形梁板和立柱不得现场焊割和钻孔。

（6）立柱及柱帽安装牢固，其顶部应无明显塌边、变形，开裂等缺陷。

F.4 混凝土护栏

F.4.1 基本要求

（1）混凝土所用的水泥、砂、石、水及外掺剂的质量、规格必须符合有关规范的要求，按规定的配合比施工。

（2）混凝土护栏预制块件在吊装、运输、安装过程中，不得断裂。

（3）混凝土护栏块件之间、护栏与基础之间的连接应符合设计要求。

（4）混凝土护栏块件标准段、混凝土护栏起终点及其他开口处的混凝土护栏块件的几何尺寸应符合设计要求。

（5）混凝土护栏的地基强度、埋入深度应符合设计要求。

（6）混凝土护栏块件的损边、掉角长度每处不得超过20mm，否则应予及时修补。

F.4.2 具体检测项目及技术指标

具体检测项目及技术指标参见《公路工程质量检验评定标准》（JTG F80/1）的规定，如表F.4-1所示。

表 F.4-1 混凝土护栏实测项目

项次	检查项目		规定值或允许偏差	检查方法和频率	权值
1△	护栏混凝土强度（MPa）		在合格标准内	按标准规定检查	2
2	地基压实度（%）		符合设计要求	现场检查	1
3	护栏断面尺寸(mm)	高度	±10	直尺、钢卷尺：抽检10%	1
		顶宽	±5		
		底宽	±5		

续上表

项次	检查项目	规定值或允许偏差	检查方法和频率	权值
4	基础平整度(mm)	10	水平尺：检查100%	1
5△	轴向横向偏位(mm)	±20 或符合设计要求	直尺、钢卷尺：抽检10%	2
6	基础厚度(mm)	±10%H	过程检查，直尺：检查100%	1

F.4.3 外观检查

(1)混凝土护栏块件之间的错位应不大于5mm。

(2)混凝土护栏外观、色泽均匀一致，表面的蜂窝麻面、裂缝、脱皮等缺陷面积不得超过该面面积的0.5%。

(3)护栏线形适顺，直线段不允许有明显的凹凸现象，曲线段护栏应圆滑顺畅，与线形协调一致。中央分隔带开口端头护栏尺寸应与设计图相符。

F.5 缆索护栏

F.5.1 基本要求

(1)缆索性能、缆索直径、单丝直径、构造(3股7芯)、锚具及其镀锌质量应符合设计与施工规范的要求，缆索抗拉强度、镀锌质量须经抽检，合格后方可使用。

(2)缆索张拉前，应标定拉力测定计。

(3)立柱埋深不得小于设计值。采用挖埋法施工，立柱埋入土中时，回填土应分层(每层厚度不超过100mm)夯实；立柱埋入混凝土中时，基础混凝土的几何尺寸、强度等应符合设计要求。

(4)立柱壁厚、外径、长度应不小于设计要求。

(5)采用打入法施工时，立柱顶部不应出现明显变形、倾斜、扭曲或卷边等现象。

F.5.2 具体检测项目及技术指标

具体检测项目及技术指标参见《公路工程质量检验评定标准》(JTG F80/1)的规定，如表F.5-1所示。

表 F.5-1 缆索护栏实测项目

项次	检查项目	规定值或允许偏差	检查方法和频率	权值
1	缆索直径(mm)	$18_0^{+0.9}$	卡尺：抽检10%	1
	单丝直径(mm)	2.86 ± 0.08		
2△	初张力(kN)	±5%	过程检查，张拉计：抽检10%	2
3	最下一根缆索的高度(mm)	±20	直尺：抽检10%	1
4△	立柱壁厚(mm)	±0.10	千分尺：抽检10%	2
5	立柱埋入深度	符合设计要求	过程检查：抽检10%	1
6△	立柱竖直度(mm/m)	±10	垂线、直尺：抽检10%	2
7	立柱中距(mm)	±50	直尺：抽检10%	1
8△	镀锌层厚度(um)	立柱，≥85	测厚仪：抽检10%	2
		索端锚具，≥50		
		紧固件，≥50		
		镀锌钢丝，≥33		
9	混凝土基础尺寸	符合设计要求	过程检查，直尺：检查100%	1
10△	混凝土强度	在合格标准内	基础施工同时做试件，每个工作班1组(3件)，检查试件的强度：检查100%	2

F.5.3 外观检查

（1）金属构件表面不得有气泡、剥落、漏镀及划痕等表面缺陷。

（2）直线段护栏不得有明显的凹凸现象，曲线段护栏应圆滑顺畅。

（3）索端锚具、托架、索夹螺栓应安装到位、固定牢固；托架编号和组合应与缆索护栏的类别相适应；上、下托架位置正确，中央分隔带缆索护栏的托架应两边对称。

F.6 突起路标

F.6.1 基本要求

（1）突起路标产品应符合《突起路标》（GB/T 24725）的规定。

（2）突起路标的布设及其颜色应符合《道路交通标志和标线》（GB 5768）的规定和符合设计要求。

(3)突起路标与路面的黏结应牢固、耐久,能经受汽车轮胎的冲击而不会脱落。

(4)突起路标应在路面干燥、清洁,并经测量定位后施工。

F.6.2 具体检测项目及技术指标

具体检测项目及技术指标参见《公路工程质量检验评定标准》(JTG F80/1)的规定,如表F.6-1所示。

表 F.6-1 突起路标实测项目

项次	检查项目	规定值或允许偏差	检查方法和频率	权值
1	安装角度(°)	±5	角尺:抽检10%	1
2	纵向间距(mm)	±50	直尺:抽检10%	1
3△	损坏及脱落个数	<0.5%	检查损坏及脱落个数:抽检30%	2
4△	横向偏位(mm)	±50	直尺:抽检10%	2
5	承受压力(kN)	>160	检查测试记录	1
6△	光度性能	在规定范围内	检查测试报告	2

F.6.3 外观检查

(1)突起路标外观应美观,尺寸符合有关规范要求,表面光滑,不得有尖角、毛刺存在,表面无明显的划伤、裂纹。

(2)突起路标纵向安装应呈直线,不得出现折线。曲线段的突起路标应与道路曲线相吻合,线形圆滑、顺畅。

(3)突起路标黏结剂不得造成路面污染。

F.7 轮廓标

F.7.1 基本要求

(1)轮廓标产品应符合《轮廓标》(GB/T 24970)的规定。

(2)轮廓标的布设应符合设计及施工规范的要求。

(3)柱式轮廓标的基础混凝土强度、基础尺寸应符合设计要求。

(4)柱式轮廓标应安装牢固,逆反射材料表面应与行车方向垂直,色度性能和光度性能应与设计相符。

F.7.2 具体检测项目及技术指标

具体检测项目及技术指标参见《公路工程质量检验评定标准》(JTG F80/1)的规定，如表 F.7-1 所示。

表 F.7-1 轮廓标实测项目

项次	检查项目	规定值或允许偏差	检查方法和频率	权值
1	柱式轮廓标尺寸(mm)	三角形断面：底边允许偏差为 ±2；柱式轮廓标总长允许偏差为 ±6	直尺：抽检10%	1
2	安装角度(°)	0~5	花杆、十字架、卷尺、万能角尺：抽检10%	1
3	反射器中心高度(mm)	±20	直尺：抽检10%	1
4△	反射器外形尺寸(mm)	±1	卡尺、直尺：抽检10%	2
5△	光度性能	在合格标准内	检查检测报告	2

F.7.3 外观检查

(1)轮廓标不应有明显的划伤、裂纹、损边、掉角等缺陷。表面应平整光滑无明显凹痕或变形。

(2)轮廓标应安装牢固，线形顺畅。

(3)柱式轮廓标的垂直度应不超过 ±8mm/m。

F.8 减速丘

F.8.1 基本要求

(1)减速丘应沿路面全断面铺设，并与路面黏结牢固，表面线形平顺，与路面交界处边线平直。

(2)沿公路纵向边缘处理应符合设计要求。

(3)减速丘的标志标线应设置齐全。

F.8.2 检测项目

(1)断面尺寸：宽度用直尺量取；厚度需施工时检查并记录，各控制点摊铺厚度，用干净、平直铁丝探入摊铺的沥青混凝土，拔出后量取。

(2)压实度：沥青碎（砾）石压实度的规定值为试验室标准密度的96%，至少取6个点，用核子密度仪验证可靠后测量，每个点的压实度应符合规定值。

F.9 避险车道

F.9.1 基本要求

(1)避险车道引道、避险车道、服务车道及配套交通设施齐全，各部结构、尺寸应符合设计要求。

(2)制动床集料应干净、平整、松散。

F.9.2 检测项目

(1)避险车道长度、宽度、坡度：直尺、坡度尺量取至少10点，取均值，并应大于或等于设计规定值。

(2)避险车道制动床集料的级配：制动床集料的级配检查施工记录，应符合设计要求。

(3)避险车道制动床集料深度：钢筋插入制动床或检查施工记录，应符合设计要求。

F.10 边沟及边坡

F.10.1 基本要求

(1)边沟应满足路侧排水需要，形式安全并与环境协调。
(2)边沟应便于清淤。
(3)横向排水沟的端口应经处理。

F.10.2 检测项目

排水沟盖板强度应符合设计要求。

F.11 停车区及观景台

(1)停车区及观景台的出入应符合设计要求，对主线交通无不良影响。
(2)停车区停车位应便于车辆停入和驶出。

(3)观景台的休息、观景、停车设施应布置合理。

F.12 路面防滑

F.12.1 基本要求

(1)路面抗滑性能应符合相应的路面设计规范要求。对于根据事故情况、弯道半径、运行速度等条件需改进抗滑性能的路段,可相应地提高防滑要求。

(2)路面标线抗滑性能宜不低于路面抗滑性能要求。

F.12.2 检测项目

(1)薄层铺装表面任意点的抗滑摆值BPN应不小于45。

(2)路面应采取拉毛或机具压槽等抗滑措施,其构造深度应不小于0.5mm。

附录G 现有三、四级公路安全生命防护工程实施案例

G.1 现有三级公路安全生命防护工程

某省一段县道全长23.1568km，为山岭重丘区三级公路，设计速度为30km/h，有长途客运车辆通行。该路段线形较为平直，一部分路段路侧邻近水田、河流，上下坡坡度较大，少数弯道视距不良。沿线村镇多达10座，分布密集，并有两所小学紧邻公路，支路接入口较多，人车混合的交通环境较为复杂。

G.1.1 路段判别

利用本指南提出的综合指标判别法，确定的重点处置路段包括：路侧险要、急弯、支路口、穿村等路段。

(1) 高路堤路段路侧缺少防护设施，特别是位于弯道外侧的路侧危险路段，车辆冲出路侧的可能性较大，一旦发生事故，其后果严重，是三、四级公路交通安全的主要风险之一。

(2) 小半径弯道处的通视三角区内存在植物、山体、房屋等障碍物，无法保证会车视距，驾驶员看不到对向车辆情况。特别是当小半径弯道位于大下坡路段时，由于车辆行驶速度较快，若驾驶员转弯不及时或操作不当，容易发生车辆冲出路外、碰撞固定物或与对向车辆相撞的事故。

(3) 支路接入口处接入坡度大、接入角度小，存在视距不良的情况，不易被主线车辆发现。有些支路接入口处为下坡且坡度较大，支路车辆往往以较快车速进入主线，容易发生碰撞事故，夜间更为突出。

(4) 村镇路段横向交通干扰大。沿线村镇密集，住宅紧邻硬路肩，路侧安全净区的宽度严重不足，行人、非机动车较多，横向交通干扰较大，容易发生车辆与行人相撞的事故。

(5) 校区路段缺少明显的警示信息。沿线两所小学均紧邻公路，学校出入口警示信

息不明显，不易被驾驶员发现。

G.1.2 主要处置措施

（1）对于弯道外侧邻崖邻水等路侧险要路段，以增加或改善防护设施、提供视线诱导为主，示例如图 G.1-1 和图 G.1-2 所示。

图 G.1-1 混凝土护栏

图 G.1-2 波形梁护栏

（2）对于运行速度高于设计速度引起的弯道、凸曲线视距不良的路段，容易发生车辆对向相撞、冲出路外、碰撞固定物等事故，该类路段以改善行车视距和控制车辆运行速度为主，示例如图 G.1-3 和图 G.1-4 所示。

图 G.1-3 视距不良路段改善实施前

图 G.1-4 视距不良路段改善实施后

（3）农村公路支路和主路交叉口是事故点之一，在主路前的支路上设置减速丘及配套的标志、标线，可以降低事故发生率，示例如图 G.1-5 所示。

（4）村镇路段、学校邻近路段车辆与行人的冲突严重，导致车辆碰撞行人的事故多发，该类路段以提醒驾驶员注意行人和控制车辆运行速度为主，示例如图 G.1-6 所示。

图 G.1-5　减速丘示例

a）实施前；b）实施后

图 G.1-6　村镇路段警告和限速标志

G.1.3　综合处置措施

（1）学校邻近路段一

该穿村路段为南北走向，两侧住宅密集。某小学位于道路西侧，学校正门朝北，正门外有一条东西走向的出口通道与示范路段垂直相交，学校侧门紧邻路段西侧。该路段为下坡路段，下坡坡度较大，线形平直，车辆行驶速度较快。

风险因素分析：

①由北向南方向，小学正门北面有一片茂密的农作物，驾驶员视线被农作物的高度遮挡，使得接入示范路段的正门出口通道很难被驾驶员提前看到。

②由南向北方向，学校侧门被树木遮挡，正门出口通道被学校院墙遮挡，二者均难以被驾驶员提前发现。

③下坡路段车辆行驶速度较快，增加了车辆碰撞行人的风险。

根据以上分析，对该路段采取了以下处置措施，示意如图 G.1-7 所示。

①在学校前设置"注意儿童"警告标志，提示驾驶员前方进入学校路段，应谨慎驾驶。

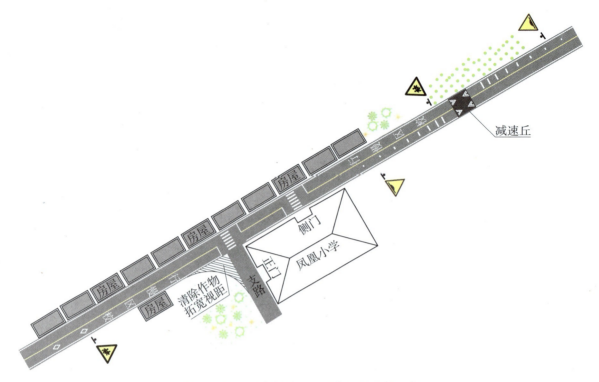

图 G.1-7 小学邻近路段一综合处置方案示意

②在学校正门出口通道和侧门出口处路面施画人行横道线，并在学校前方路面辅助施画"校区慢行"标记，提示驾驶员注意学生出入。

③路面中心线施画为实线。

④在下坡路段设置减速丘，限制机动车减速通过该路段。

（2）学校邻近路段二

某小学位于路段西侧，校门紧邻公路。该路段为穿村镇路段，沿线住宅密集，线形平直，坡度较小。学校两侧均设置有"注意儿童"警告标志，为单悬臂式结构。

风险因素分析：

①由北向南方向，驾驶员视线被学校的院墙遮挡，使得出口很难被驾驶员提前看到。"注意儿童"警告标志前置距离太大，警示效果不佳。

②由南向北方向，"注意儿童"警告标志前置距离太小，紧邻学校大门，驾驶员没有足够的反应时间。

根据以上分析，对该路段采取了以下处置措施，示意如图 G.1-8 所示。

①在学校前 30～50m 处设置"注意儿童"警告标志，提示驾驶员前方进入学校路段，应谨慎驾驶。

②在学校正门出口处路面施画人行横道线，并在学校前方路面辅助施画"校区慢行"标记，提示驾驶员注意学生出入。

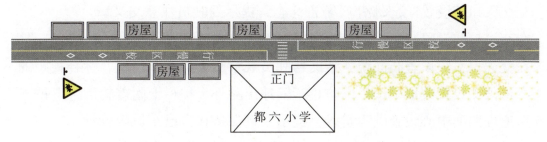

图 G.1-8　小学邻近路段二综合处置方案示意

③路面中心线施画为实线。

（3）下陡坡和弯道组合路段，且路侧有交叉口

该路段由北向南方向为下陡坡路段，支路交叉口位于路段左侧，紧邻交叉口双侧均有住宅，住宅门前设置有"交叉路口减速慢行"的提示。通过交叉口之后是弯道，弯道外侧边坡坡度较高。

风险因素分析：

①主路由北向南方向，受住宅遮挡，支路交叉口视距不良，支路车辆很难被驾驶员提前看到。主路为下坡路段，坡度较大，车辆行驶速度较快，容易发生碰撞事故。

②主路由北向南方向，主路车辆左转进入支路时，转弯半径非常小，并且支路同为下坡路段，驾驶员容易因转弯不及时或操作不当而发生事故。

③支路方向，受住宅遮挡，支路车辆无法看到北向来车，发生碰撞的风险较大。

④主路为下陡坡路段，车速较快，弯道外侧边坡坡度较高，车辆冲出路外的后果将非常严重。

根据以上分析，对该路段采取了以下处置措施，示意如图 G.1-9 所示。

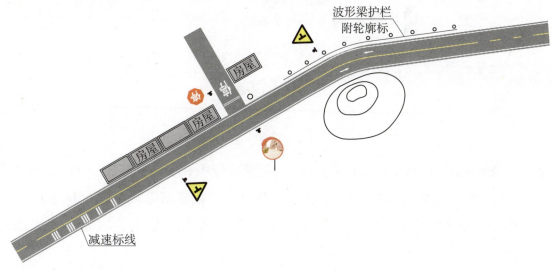

图 G.1-9　下陡坡弯道及交叉口组合路段综合处置方案示意

①在交叉口前设置"交叉路口"警告标志，提示驾驶员注意交叉口。

②在交叉口前设置减速振动标线，提示驾驶员减速驾驶。

③在交叉口对向设置凸面镜，帮助驾驶员观察交叉口来车情况，弥补视距的不足。

④弯道外侧设置波形梁护栏，防止车辆冲出路外。护栏上附着轮廓标，诱导线形。

⑤弯道处路面中心线施画为实线，提示车辆保持在自己车道内行驶。

⑥弯道处设置弯路箭头，即在弯道曲线中点两侧沿弯道双向设置车道箭头标线，起引导和警示作用。

⑦支路进入交叉口前设置停车让行标志标线。

（4）弯道接直桥路段，且路侧有交叉口

该路段为反向弯路，两个小半径弯道通过直桥相连。一侧弯道存在交叉口，视距良好，桥头有一栋住宅，桥头栏杆有被撞的痕迹。另一侧弯道两侧均为住宅，紧邻硬路肩。桥头设有"限重10t"、"限速20"禁令标志和"慢行"警告标志。

风险因素分析：

①弯道前线形较好，车辆行驶速度较快。但桥头前的弯道半径较小，若车速过快，转弯不及时，将发生碰撞桥头栏杆的风险。

②桥梁栏杆不具备防撞能力。

根据以上分析，对该路段采取了以下处置措施，示意如图G.1-10所示。

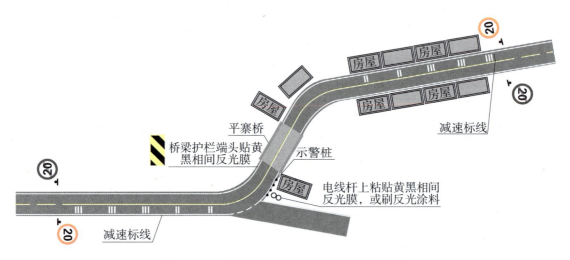

图 G.1-10 弯道接直桥路段综合处置方案示意

①在桥梁两侧小半径弯道前的直线段，设置减速振动标线（或减速路面）和"限速20"禁令标志，提示驾驶员减速行驶。通过该路段后，设置解除限制速度标志。

②小半径曲线外侧有民房，无法设置护栏，因此设置示警桩，以起到视线诱导和警示的作用。

③在桥梁护栏端头上粘贴黄黑相间的反光膜，以引起驾驶员的注意。

④桥头电线杆上和电线杆外侧的水泥墩粘贴黄黑相间的反光膜,或刷黄黑相间反光涂料,以增加夜间视认效果。

⑤曲线段连续施画中心实线,提示车辆保持在自己车道内行驶。

(5)交叉口路段

示例路段的平面交叉路口数量较多,可分为如下两类并采取相应的处置措施:

①与路面宽度大于5m的村镇道路交叉,有机动车通行。此类交叉口应在支路路口设置停车让行标志标线,明确道路优先权;当支路接入主路方向为下坡且坡度大于3%时,应在支路设置减速丘和配套的标志标线,对支路车速进行控制。必要时,可在主路设置交叉口警告标志和指路标志,示意如图G.1-11a)所示。

②当被交路为交通量较小的机耕路,路面多为砂石路和土路时,可采用加铺转角形式,转弯半径为5m,可减少盲区,便于主线车辆尽早发现被交路驶出的车辆。应设置道口标柱对支路口接入位置进行警示,示意如图G.1-11b)所示。

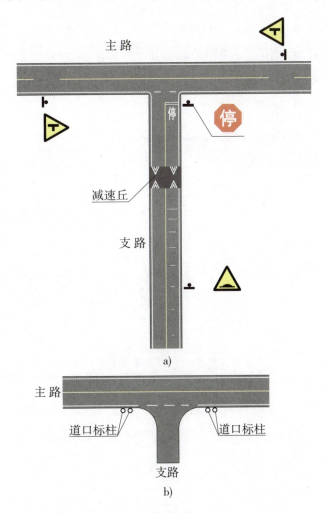

图G.1-11 交叉口路段综合处置方案示意

a)与较宽的机耕道或村镇道路交叉,有机动车通行;b)与较窄的机耕道交叉,无机动车通行

G.2 现有四级公路安全生命防护工程

某乡道为山岭重丘区四级公路，设计速度为20km/h，主要过往车辆为小客车和摩托车。该路段傍山邻涧，邻水邻崖等路侧险要路段居多；路线蜿蜒起伏，坡陡弯急，小半径弯道、连续弯道多，并且大多数弯道存在视距不良的情况。沿线分布有4座村庄，路面较窄，住宅距离行车道较近。

G.2.1 路段判别

（1）邻水邻崖路侧危险路段缺少防护设施

该公路存在多处邻水邻崖危险路段，路侧缺乏防护设施，特别是位于弯道外侧的路侧危险路段，车辆冲出路侧的可能性更大，一旦发生事故，事故后果将非常严重。

（2）小半径弯道路段视距不足

小半径弯道处的通视三角区内存在植物、山体、房屋等障碍物，无法保证会车视距，驾驶员看不到对向车辆情况。特别是小半径弯道位于下坡路段时，由于车辆行驶速度较快，若驾驶员转弯不及时或操作不当，容易发生车辆冲出路外、碰撞固定物或对向车辆相撞的事故。

（3）连续弯路和下陡坡的组合路段缺少信息提示

该公路的路线走向由山脚通向山顶，蜿蜒起伏，上下坡坡度较大，并且小半径弯道连续分布于路段中。现有路面未设置减速设施，交通标志告示不完善，驾驶员得不到足够的提示信息，不熟悉路况的驾驶员行车易超速，操作失误而发生交通事故。

（4）村镇路段横向交通干扰大

该公路沿线村镇路段路面较窄，房屋密集，住宅紧邻硬路肩，路侧安全净区的宽度严重不足，行人、非机动车较多，横向交通干扰较大，易发生车辆与行人相撞的事故。

G.2.2 综合处置措施

（1）急弯路段视距不良，障碍物可移除

该路段为急弯和下坡的组合路段，弯道内侧有山体遮挡视线，弯道外侧边坡较高，路侧为河流。

风险因素分析：

①该路段处于下坡路段，车辆行驶速度容易过快，车道宽度较窄，弯道半径较小，受山体遮挡造成视距不良，无法保证会车视距，在车速较快的情况下易发生碰撞事故。

②线形突然改变,驾驶员未能提前得到提示信息,车辆转弯速度过快容易冲出路侧。弯道外侧边坡较高且有水体存在,车辆一旦冲出路外,事故后果将非常严重。

根据以上分析,对该路段采取了以下处置措施,示意如图 G.2-1 所示。

①弯道前设置"急弯路"警告标志(也可采用路面标记代替标志)。弯道外侧车行道边缘施画"注意前方路面状况标记",加强视线诱导,并提示驾驶员小心驾驶。

②削挖弯道通视三角区内的土质山体,改善视距。

③弯道外侧设置混凝土护栏,防止车辆冲出路外。

④混凝土护栏上粘贴反光带,提高夜间行车安全性。

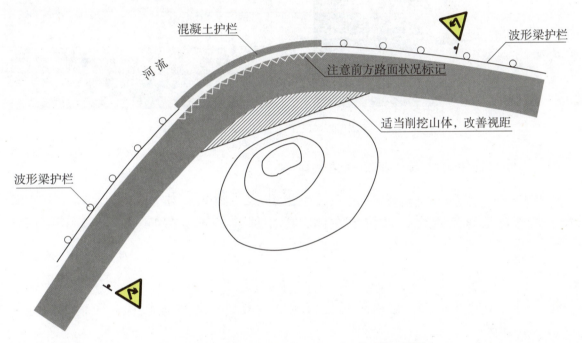

图 G.2-1　急弯路段综合处置方案示意(障碍物可移除)

(2)急弯路段视距不良,障碍物不可移除

该路段位于穿村镇路段,住宅紧邻硬路肩。该路段为急弯和下陡坡的组合路段,弯道两侧均有房屋遮挡视线。

风险因素分析:

①该路段处于下坡路段,车道宽度较窄,弯道半径较小,受房屋遮挡造成视距不良,无法保证会车视距,在车速较快的情况下易发生碰撞事故。

②该路段两侧房屋密集,行人、非机动车较多,出行带有突然性。弯道处视距不良给行人的出行带来较大风险。

根据以上分析,对该路段采取了以下处置措施,示例如图 G.2-2 所示。

①弯道外侧的电线杆上附着凸面镜，使驾驶员能提前观察对向来车情况，弥补视距的不足。

②弯道前的下坡路段设置物理性减速设施（减速丘或块石路面），提示驾驶员减速驾驶。

③弯道前的路面施画"急弯"图形标记。

图 G.2-2　弯道中部设置凸面镜示例（障碍物不可移除）

（3）陡坡弯道组合路段，路侧有交叉口

该路段为下陡坡路段，路侧邻崖，弯道外侧无防护设施。弯道内侧有山体遮挡视线。紧邻弯道有支路交叉口位于左侧，受山体遮挡不易发现。支路为下坡且坡度较大。

风险因素分析：

①主路为下陡坡路段，弯道外侧边坡坡度较高，一旦车速较快，车辆冲出路外的后果将非常严重。

②弯道半径较小，受山体遮挡造成视距不良，无法保证会车视距，在车速较快的情况下易发生碰撞事故。

③受山体遮挡，支路交叉口视距不良，支路车辆很难被驾驶员提前看到。

④支路方向，受山体遮挡，支路车辆无法看到主路来车情况，发生碰撞的风险较大。

根据以上分析，对该路段采取了以下处置措施，示意如图 G.2-3 所示。

①削挖弯道和支路路口通视三角区内的土质山体，改善视距。

②弯道前设置"急弯路"警告标志，弯道外侧车行道边缘施画"注意前方路面状况标记"，加强视线诱导，并提示驾驶员小心驾驶。

③弯道外侧设置混凝土护栏，防止车辆冲出路外。混凝土护栏上粘贴反光带，以

提高夜间行车安全性。

④在交叉口前设置"交叉路口"警告标志，提示驾驶员注意交叉口。

⑤在交叉口对向设置凸面镜，帮助驾驶员观察交叉口来车情况，弥补视距的不足。

⑥支路进入交叉口前设置减速丘，提示驾驶员减速驾驶。设置停车让行标志标线。

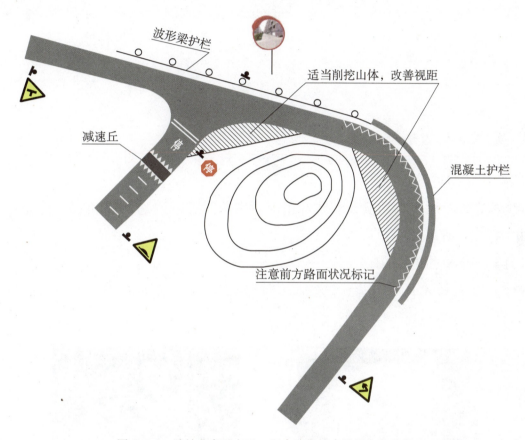

图 G.2-3 陡坡急弯及交叉口组合路段综合处置方案示意

（4）连续急弯路段

该路段连续存在多个小半径弯道，凹曲线变坡点位于弯道上，弯道外侧有一栋房屋。车辆经过下坡路段后车速往往较快，弯道半径较小，车辆转弯时路面宽度受房屋限制，若车速过快则有发生碰撞的风险。

根据以上分析，对该路段采取了以下处置措施，示例如图 G.2-4 所示。

①在进入连续急弯路段前设置"连续弯路"警告标志，提示驾驶员小心驾驶。

②房屋前的下坡路段设置物理性减速设施（减速丘或块石路面），提示驾驶员减速驾驶。

③设置路面警告标记，提示驾驶人注意路

图 G.2-4 连续急弯路段综合处置方案示例

面情况变化，控制车速。

④在连续弯道中视线不良的弯道两侧，设置鸣笛路面标记。

(5) 穿村镇路段

穿村镇路段存在的风险因素主要是村镇复杂的混合交通环境对车辆的横向干扰。行人、摩托车都属于交通弱势参与者，往往是交通事故的受害者，穿村镇路段应从保护行人和控制车辆速度入手。在进入村镇路段前设置"村庄"警告标志，提示驾驶员即将进入村庄路段，应注意控制车速，小心驾驶。必要时，可设置减速设施、限速标志等。

G.2.3 危险物处置措施

(1) 路中桥墩处置

标线诱导，桥墩上粘贴反光实体标记，桥墩前设置障碍物标志和靠右行驶标志等，示例如图 G.2-5 所示。

(2) 路中树木处置

沿行车方向树木两侧设置防撞桶，桶内立靠右行驶标志等，示例如图 G.2-6 所示。

图 G.2-5 路中桥墩处置示例

图 G.2-6 路中树木处置示例

(3) 路中杆柱

在杆柱下部粘贴反光实体标记，上部附着障碍物和靠右行驶标志等，示例如图 G.2-7 所示。

(4) 路侧杆柱处置

在杆柱下部粘贴反光实体标记，示例如图 G.2-8 所示。

图 G.2-7　路中杆柱处置示例　　图 G.2-8　路侧杆柱处置示例

(5) 公路净空保障

有条件时，去除侵入公路的山体以保障公路净空，示例如图 G.2-9 所示。

a)　　　　　　　　b)

图 G.2-9　去除入侵公路山体示例

a) 去除前；b) 去除后